Beltz Taschenbuch 51

W0108760

Über dieses Buch:
Die kooperative, problemlösungsorientierte Form der Beratung gewinnt bei Sonderpädagogen, Schulpsychologen, Beratungslehrern, Sozialarbeitern und Sozialpädagogen zunehmend an Bedeutung. Und die Supervision als eine Spezialform von Beratung hat sich nicht nur in den pflegenden Berufen etabliert, sondern wird zunehmend auch in verschiedenen pädagogischen Bereichen zu einer wesentlichen
Hilfe bei der Bewältigung des Berufsalltags.
Mit dem hier dargestellten Beratungs-, Supervisions- und Ausbildungsansatz wird
eine Konzeption veröffentlicht, die sich nicht nur seit 1988 in der pädagogischen
Praxis bewährt hat, sondern die auch einen bestimmten wissenschaftlichen Anspruch
verfolgt. Ziel dieses Beratungsansatzes ist es, eine verstehende, symmetrische und
kooperierende Interaktion in der Einzelberatung (Kooperative Beratung) wie auch
bei der Beratung in einer Gruppe (Kollegiale Praxisberatung, Supervision) aufzubauen.
Die Kooperative Beratung als pädagogische Methode wird in ihren Grundlagen und
theoretischen Ansätzen dargestellt, auf die Methoden der Einzelberatung wie auch
der Supervision wird ausführlich und praxisnah eingegangen.

Der Autor:
Wolfgang Mutzeck, Dr. phil. habil., ist ordentlicher Professor für Verhaltens-
gestörten- und Lernbehindertenpädagogik und war Gründungsdirektor des Instituts
für Förderpädagogik an der Universität Leipzig. Zuvor arbeitete er lange als Sonderschullehrer, Beratungslehrer und Studienleiter.
Seine Arbeitsschwerpunkte sind Aus-, Fort- und Weiterbildung sowie Forschung in
den Arbeitsgebieten Verhaltensgestörtenpädagogik, Diagnostik, Beratung, Supervision, Training, Unterricht und Schulentwicklung (Beratungs- und Förderzentrum).
Wolfgang Mutzeck ist Autor zahlreicher Veröffentlichungen.

Wolfgang Mutzeck

Kooperative Beratung

Grundlagen und Methoden der Beratung
und Supervision im Berufsalltag

Besuchen Sie uns im Internet:
http://www.beltz.de

Beltz Taschenbuch 51
1999 Weinheim und Basel
Überarbeitete Neuausgabe der 2. Auflage 1997
des Deutschen Studien Verlages, Weinheim

© 1996 Deutscher Studien Verlag, Weinheim
Druck nach Typoskript (DTP)
Umschlaggestaltung: Federico Luci, Köln
Umschlagphotographie: © Bavaria Bildagentur, München
Druck und Bindung: Druckhaus Beltz, Hemsbach
Printed in Germany

ISBN 3 407 22051 0

INHALTSVERZEICHNIS

Vorwort

Die Kooperative Beratung hat eine große Resonanz erfahren. 1996 erschien die erste und bereits 1997 die zweite Auflage im Deutschen Studien Verlag. Nachdem auch diese 1999 vergriffen war, kamen Herr Herth und Herr Dr. Koch von der Verlagsgruppe Beltz überein, dieses Lehrbuch in der neuen Reihe Beltz Taschenbuch erscheinen zu lassen. Diese überarbeitete Neuausgabe als Taschenbuch ermöglicht nun einer größeren Interessentengruppe einen leichten Zugriff zum Thema Kooperation und Beratung.

Beratung findet in unterschiedlichen Bereichen statt. Dabei wird zunehmend ein kooperatives Verständnis und Vorgehen von Beratern erwartet, aber nur wenige Pädagoginnen und Pädagogen sind darin bisher ausgebildet worden. Das vorliegende Buch soll dazu beitragen, diese Lücke zu schließen.

Ich danke Frau Magister B. Rauner und Herrn Magister M. Rühlmann für die Mithilfe bei der Gestaltung und Korrektur des Manuskripts.

1. Einleitung

Beratung ist zwar schon seit dem vorigen Jahrhundert auch ein Aufgabenfeld in verschiedenen Disziplinen der Pädagogik. In den letzten Jahren jedoch hat Beratung eine besonderer Bedeutung gewonnen.

Neue Gesetze, Verordnungen und Empfehlungen des Bundes und der Länder im Bildungs- und Sozialwesen heben beratende Tätigkeiten hervor, so z. B. das neue Kinder- und Jugendhilfegesetz (KJHG) 1990 und die „Empfehlungen zur sonderpädagogischen Förderung in den Schulen in der Bundesrepublik Deutschland" 1994. Auch in die Aus-, Fort- und Weiterbildung der pädagogischen Berufsgruppen wird Beratung immer mehr als eine Basisqualifikation aufgenommen.

Supervision als eine Spezialform von Beratung (siehe Kapitel 2 und 5) hat sich nicht nur in den pflegenden Berufen etabliert, sondern sie wird zunehmend auch in verschiedenen pädagogischen Bereichen zu einer wesentlichen Hilfe bei der Bewältigung des Berufsalltags.

So ist es nicht verwunderlich, daß bei dieser Bedeutung von Beratung und Supervision die Nachfrage und das Angebot an Literatur und Trainingskursen kräftig zugenommen haben. Warum dann noch ein Buch zu diesem Thema?

Mit dem hier dargestellten Beratungs-, Supervisions- und Ausbildungsansatz wird eine Konzeption veröffentlicht, die sich nicht nur seit 1988 in der pädagogischen Praxis bewährt hat, sondern die auch einen bestimmten wissenschaftlichen Anspruch explizieren möchte.

Bei der Entwicklung dieser Methode zur Beratung und Supervision ist versucht worden, eine möglichst konsistente und stringente Konzeption zu erreichen. Das heißt, das zugrunde gelegte Menschenbild, der Mensch als reflexives Subjekt, die Handlungstheorie und die Konzeption zur Gesprächsführung und Beratung stehen nicht im Widerspruch zueinander, sondern sollen eine hohe Stimmigkeit aufweisen (siehe Abb. 4 und Kap. 3). Ferner soll mit diesem Beratungsansatz eine belehrende und asymmetrische Haltung und Vorgehensweise des Beraters vermieden werden und eine verstehende, kooperierende und symmetrische Interaktion aufgebaut und/oder unterstützt werden (siehe Kap. 2, Abb. 3). Das „Sich-miteinander-beraten" ist sowohl Weg und Ziel in der Einzelberatung (Kooperative

Beratung) als auch bei der Beratung in einer Gruppe (Kollegiale Praxisberatung, Supervision).

Im Rahmen der Weiterentwicklung der Sonderpädagogik ist Beratung zu einem neuen bzw. erweiterten Handlungsfeld geworden. Bei Fragen und Problemen, in denen Lehrerinnen und Lehrer an allgemeinen Schulen (Regelschulen) sonderpädagogische Hilfe und Unterstützung benötigen – sei es auf integrativer oder präventiver Ebene – ist eine beratende Tätigkeit zunehmend gefragt. Ich habe selbst als Berater an Grundschulen erfahren, wie hilfreich es sowohl für den Regelschullehrer als auch für Sonderpädagogen ist, wenn sich beide Fachkräfte mit ihren unterschiedlichen Kompetenzen und Erfahrungen gemeinsam beraten. Die Beratungsgespräche zeigten allerdings nur dann Erfolg, wenn es dem Berater gelang, den Ratsuchenden so zu leiten, daß er nicht nur „klagte" oder einen Schuldigen suchte bzw. der Berater nicht mit „Tips" oder „Erfolgsrezepten" reagierte. Ein um Verstehen bemühtes und problemlösungsorientiertes, systematisches Vorgehen war die Grundlage für zufriedenstellende Gespräche.

Insgesamt gewinnt eine kooperative und problemlösungsorientierte Form der Beratung bei Sonderpädagogen, Schulpsychologen, Beratungslehrern, Sozialpädagogen und Sozialarbeitern scheinbar an Bedeutung.

Die Methode der Kooperativen Beratung und Supervision ist für den Einsatz von Pädagogen verschiedenster Disziplinen entwickelt und erprobt worden. Angewendet wird sie jedoch auch zunehmend von anderen Berufsgruppen in der Erziehungsberatung, in der Suchtberatung, von Ausbildern in Berufsbildungswerken und als Coaching bei Managern.

Die Kooperative Beratung und Supervision ist eine pädagogische Beratungsmethode; sie ist keine therapieorientierte Beratung oder gar eine Therapie. Die Beachtung der Autonomie des Ratsuchenden einerseits und das Erkennen der eigenen Grenzen andererseits sind grundlegende Aspekte der Beratungsmethode und der Beraterausbildung.

Besonders häufig findet die Kooperative Beratung und Supervision Anwendung in den gemeinsamen Arbeitsfeldern von Sonderpädagogik und allgemeinen Schulen (Regelschulen). So bat mich die Fernuniversität Hagen, einen Studienbrief zur Beratung in sonderpädagogischen Handlungsfeldern und zur Kooperativen Beratung zu schreiben (Mutzeck 1992a). Dieser Studienbrief ist Grundlage dieser Veröffentlichung.

Ein Forschungsauftrag von der Bund-Länder-Kommission für Bildungsplanung und Forschungsförderung (BLK) ermöglichte mir, die Beratungs-

methode „Kooperative Beratung" weiterzuentwickeln, eine Weiter-
bildungskonzeption zu erstellen und beides in einem Modellversuch zu
evaluieren. Der Modellversuch „Kooperative Beratung – Zusatzqualifikation für Sonderschullehrerinnen und Sonderschullehrer an Regelschulen"
begann am 1.8.1990 und endete am 30.6.1993. Neben vielen Einzelkursen
zur Ausbildung in Kooperativer Beratung und Supervision finden seither
auch länderübergreifende Jahreskurse zum Fortbildner (Multiplikator) in
dieser Beratungsmethode statt.

Im folgenden Kapitel werden die Grundlagen der Beratung dargestellt; es
geht um Begriffsbestimmungen, Abgrenzungen und Aufgabenfelder von
Beratung, um das Herausarbeiten von Formen und theoretischen Ansätzen
und abschließend um die Erfahrungen mit Beratung im pädagogischen
Bereich.

Im 3. Kapitel wird der theoretische Ansatz der Kooperativen Beratung ex-
pliziert. Diese Grundannahmen umfassen die Menschenbildkonzeption, die
Wirklichkeitskonzeption und das zugrundegelegte Handlungsmodell. Die
Folgerungen für einen kooperativen Beratungsansatz werden erörtert. Eine
besondere Bedeutung kommt dabei dem dialogischen Verstehen und dem
Aufbau von Vertrauen zu.

Das 4. Kapitel gilt der Darstellung der Methoden der Kooperativen Beratung, der personenzentrierten Gesprächsführung und der Problem-
lösungsschritte im Beratungsprozeß. Die Einzelberatung (ein Ratsuchender
und ein Berater) steht dabei im Vordergrund.

Die Kooperative Gruppensupervision, auch „kollegiale Praxisberatung in
der Gruppe" genannt, wird in Kapitel 5 beschrieben. Sie hat die Kooperative
Beratung als Basis, ist aber vom Setting und vom methodischen Vorgehen
her anders arrangiert. Es werden auch Anleitungen zum Aufbau und zur
Weiterentwicklung einer kollegialen Praxisberatung (Gruppensupervision)
gegeben.

Auf die Möglichkeit der Übertragung und Anwendung der Kooperativen
Beratung auf eine Gruppenberatung mit Kindern oder Jugendlichen wird im
Anschluß daran eingegangen.

2. Grundlagen pädagogischer Beratung

2.1 Nähere Bestimmung von Beratung im Verhältnis zu Therapie und Erziehung

In einer hochgradig arbeitsteiligen und komplexen Gesellschaft hat Beratung eine besondere Bedeutung erlangt. Sie wird zunehmend als Hilfe bei der Bewältigung und Gestaltung von individuellen und gesellschaftlichen Problemen eingesetzt.

Orientierung, Planung, Auswahl, Entscheidung und Handlung können in unserer schnellebigen Zeit nicht allein durch in Bildungsprozessen erlernte Wissens- und Handlungskompetenzen gemeistert werden, sondern bedürfen oft rasch zugänglicher Ergänzung und Unterstützung durch Beratung.

„Beratung" und „beraten" führen von ihrer Herkunft und ursprünglichen Bedeutung her auf „Rat" und „raten" zurück. „Rat" ist ein althochdeutsches Wort und wurde im Sinne gebraucht von: Besorgung notwendiger Mittel, Abhilfe, Fürsorge und gutgemeintem Vorschlag oder Empfehlung; ferner im Sinne von beratender Versammlung (dazu die Zusammensetzung: Stadtrat, Rathaus, Familienrat etc.). „Ratschlagen" bedeutete „den Bannkreis schlagen, den Kreis für die Beratung abgrenzen und einen gutgemeinten Vorschlag unterbreiten". Das Verb „raten" wurde im Sinne von „vorschlagen, empfehlen und für etwas sorgen" gebraucht, wie auch für „sich etwas (geistig) zurechtlegen, überlegen" (vgl. Drosdowski & Grebe 1963, Kluge 1967). Mit dieser etymologischen Begriffserklärung wird auch die Abgrenzung zu Begriffen wie „befehlen", „anweisen" oder „informieren" deutlich.

Beratung als vertrauensvolle, zielgerichtete, nach Rat suchende Interaktion hat sich in der Pädagogik unterschiedlich etabliert. Einerseits ist Beratung als eine Form erzieherischen Handelns zu sehen, bei der Bevormundung und Druck vermieden werden und die dem Ziel der Lern- und Lebensgestaltung und einer sozialen Selbstverwirklichung der zu Erziehenden dient. Andererseits ist Beratung ein pädagogisch-psychologischer Prozeß der Hilfe unter sachkundiger Anwendung von (wissenschaftlichen) Theorien und Methoden. Hier geht es um die systematische und verbindliche Hilfe zur Bewältigung von Problemen.

Drei Definitionen sollen diese Form von Beratung beschreiben:

–   „Klienten suchen Beratungsinstitutionen deswegen auf, weil sie mit schwierigen Lebenslagen und/oder mit ihrer eigenen schwierigen Persönlichkeit nicht mehr zurecht kommen. Sie erwarten von der Beratung eine Behebung oder Reduzierung ihrer Schwierigkeiten. Durch professionelle Beratung wird versucht, beim Klienten einen aktiven Lernprozeß in Gang zu bringen, der es ihm ermöglicht, eine neue Kompetenzebene für erfolgreichere und zufriedenstellendere Auseinandersetzung mit seinen Problemen und Schwierigkeiten zu gewinnen. Die allgemeine Zielrichtung der Veränderungen, die durch Beratung angestrebt werden, ist an der Verbesserung der Bewältigungskompetenz, der Selbsthilfebereitschaft, Selbststeuerungsfähigkeit und Handlungstüchtigkeit des Klienten orientiert." (Dietrich 1987, 1)

–   „Beratung ist ein vom Berater nach methodischen Gesichtspunkten gestalteter Problemlöseprozeß, durch den die Eigenbemühungen des Ratsuchenden unterstützt/optimiert bzw. seine Kompetenzen zur Bewältigung der anstehenden Aufgabe/des Problems verbessert werden. Beratung vollzieht sich im Medium sozialer Interaktion und wird daher i. w. S. als Kommunikationsprozeß zwischen zwei Interaktionspartnern (Individualberatung) oder mehreren (Gruppenberatung, Systemberatung) verstanden. Beratung ist ggf. auch Ergänzung von Einzelgesprächen durch die Teilnahme des Ratsuchenden an einem Interventionsprogramm oder einer Selbsthilfegruppe. Von Psychotherapie ist Beratung nur schwer abgrenzbar." (Derow 1987, 1988)

–   „Beratung ist eine Form zwischenmenschlicher Hilfe, bei der ein professioneller Berater eine kooperative und offene Beziehung zu einem (oder mehreren) Klienten eingeht und vor allem im Gespräch versucht, den Klienten zu einer bewußten Wahrnehmung seiner Probleme zu bringen. Er hilft ihm, seine Fähigkeiten zur Problemlösung zu entwickeln und so einzusetzen, daß er aus eigener Kraft die Probleme lösen und eine gesunde psychische Umgebung schaffen kann (Hilfe zur Selbsthilfe)." (Hirsch & Schmidtchen 1981, 23)

Beratung als eine Form erzieherischen Handelns bewegt sich zwischen den Polen einer gezielten Beeinflussung und direkten Lenkung einerseits und einer Selbststeuerung und Hilfe zur Selbsthilfe andererseits. Sie dient der Beantwortung einer Frage oder der Klärung und ggf. Lösung eines

Problems. Die letztliche Entscheidung über das „Ob" und das „Wie" der Ausführung des Beratungsergebnisses liegt beim Ratsuchenden.

Das Beratungsgespräch kann definiert werden als eine besondere zwischenmenschliche Interaktionsform, die im Gegensatz zum Alltagsgespräch planvoll, fachkundig und methodisch geschult durchgeführt wird und die auf einer beidseitigen Verbindlichkeit, Verantwortung und auf einem arbeitsfördernden Vertrauensverhältnis beruht. Damit geht Beratung über eine bloße Informationsvermittlung oder eine (fremdbestimmte) Erziehung hinaus.

Ein solches Verständnis von Beratung setzt idealtypisch folgende Prinzipien voraus: Motivation des Ratsuchenden zur Beratung (Freiwilligkeit und Bereitschaft zur Mitarbeit), dessen Wahl- und Entscheidungsfreiheit, die Methoden- und Gestaltungskompetenz des Beraters und die Kooperationsbereitschaft von Berater und Ratsuchenden. Auf diese Aspekte wird später noch ausführlicher eingegangen.

Gegenüber der psychologischen Interventionsform *Therapie* ist Beratung nur schwer abzugrenzen. Viele Autoren benutzen diese Begriffe synonym (vgl. Alterhoff 1983). Sofern Unterscheidungen zwischen Beratung und Therapie gemacht werden, sind vor allem folgende Kriterien zu finden:

–   Beratung erstreckt sich in der Regel über einen kürzeren Zeitraum als Therapie (geringere Anzahl an Sitzungen);

–   Beratung arbeitet meist an aktuellen Problemen und beinhaltet manchmal auch vorbeugende (präventive) Zielsetzungen;

–   Therapie setzt meist an schweren Störungen an, umfaßt eine tiefergehende Arbeit und eine weitergehende Selbstöffnung des Klienten (Weinberger 1988, Rechtien 1988).

Nimmt man Erziehung als weiteren Aspekt kommunikativen Handelns hinzu, so läßt sich sagen: Erziehung, Beratung und Therapie lassen sich hinsichtlich der zeitlichen Intensität, der individuumsbezogenen und der fachlich anders gearteten Auseinandersetzung mit Sozialisations- und Entwicklungsstörungen voneinander unterscheiden.

Die grundlegende Bedingung für eine Tätigkeit in einem dieser drei Felder kommunikativen Handelns ist eine fachkundige und praxisorientierte Aus-, Fort- und Weiterbildung der Menschen, die Erziehung, Beratung und/oder Therapie professionell ausüben.

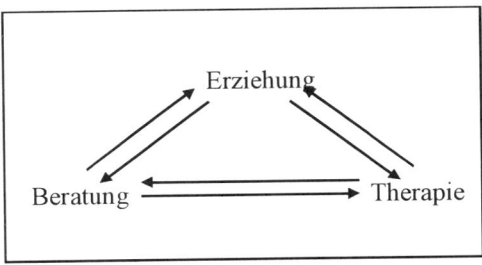

Abb. 1: Interaktives Verhältnis von Erziehung, Beratung und Therapie

Insbesondere im Bereich Schule sind ein Miteinander und ein Füreinander dieser Arbeitsformen wichtig. Eine diagnostische Phase, auch wenn sie je nach kommunikativer Zugangsweise unterschiedlicher Art ist, stellt den Ausgangspunkt einer jeden systematischen pädagogisch-psychologischen Arbeitsform dar.

Ebenso schwer, wie Beratung und Therapie voneinander abzugrenzen, ist es, pädagogische von psychologischer Beratung zu trennen. Einerseits ist Speck (1989, 362) zuzustimmen, wenn er sagt: „Wenn wir hier von pädagogischer Beratung sprechen, so beschränken wir uns dabei auf die Schule und ihre Lehrer in deren Beratungsfunktion, meinen also nicht klinisch-psychologische Beratung". Andererseits müssen wir feststellen, daß sich die pädagogische, einschließlich der sonder- und sozialpädagogischen Beratung, immer auch psychologischer Methoden bedient. So hat es einen Sinn, von pädagogisch-psychologischer Beratung zu sprechen.

Hervorzuheben ist aber, daß im Zentrum pädagogisch-psychologischer Beratung Fragen und Probleme der Schule stehen. Bei sonderpädagogischer Beratung ist der Gegenstand des Gesprächs ein sonderpädagogisches Anliegen. Gerade bei der Beratung in sonderpädagogischen Fachrichtungsfragen wird es deutlich, daß es nicht möglich ist, sich bei vielen Problemen, die an sonderpädagogische Beratung herangetragen werden, auf das System Schule zu beschränken. Zu eng ist das System Familie (oder Heim) mit der Schule verknüpft. Gerade an dieser Stelle tritt wieder die Frage nach ausreichender Qualifizierung in den Vordergrund. Ein sonderpädagogischer Berater sollte eine allgemeine pädagogische Ausbildung als Regelschullehrer, eine allgemeine sonderpädagogische, fachrichtungsübergreifende und eine spezielle sonderpädagogische Ausbildung in zwei Fachrichtungen absolvieren und sich durch Aus- und Fortbildung allgemeine und vertiefte theoretische und praktische Kenntnisse und Kompetenzen der Beratung erworben haben (zur weiteren Diskussion s. Mutzeck 1989 a, 1991c).

Eine Abgrenzung zur Erziehungs- und Familienberatung ist inhaltlich kaum möglich, zu groß sind die Überschneidungen im Beratungsgegenstand. Die schulpsychologischen, sonderpädagogischen, sozialpädagogischen und psychosozialen Beratungen (Erziehungs-, Familien-, und Lebensberatung) haben zwar unterschiedliche Schwerpunkte, sie sollten jedoch in der Organisationsform eines sozialen Netzwerks (gemeindenahes Verbund- und Stützsystem, Röhrle & Stark 1985) zusammenarbeiten. Auch in diesen Beratungsbereichen hat sich in den letzten Jahren ein erheblicher Wandel vollzogen (Andriessens 1980, Beck u. a. 1991, Bommert & Plessen 1978, Brandstädter & Gräser 1985, Flügge 1991, Klug & Specht 1985, Oswald & Müllensiefen 1990, Presting 1991, Specht & Spittler 1982, Zygowski 1984, 1989).

2.2. Aufgabenfelder und Ziele von Beratung im Bereich Schule

Beratung im Bereich Schule ist im Vergleich zu anderen Aufgabenfeldern von Beratung (Medizin, Klinische Psychologie, Theologie, Sozial-pädagogik) relativ neu. Zu Beginn des zwanzigsten Jahrhunderts ent-wickelten sich in den USA schulische Beratungsdienste, z. B. Guidance Consulting, Guidance Service (vgl. Patterson 1967, Roeber u. a. 1969, Roeber u. a. 1974). Die traditionellen und auch heute noch gängigen Auf-gabenfelder schulischer Beratung in den Vereinigten Staaten umfassen die Bereiche: Educational Counseling (Schullaufbahnberatung), Vocational Counseling (Berufsberatung) und Personal Counseling (Einzelfallhilfe und Gruppenberatung bei psychosozialen Problemen).

In der Bundesrepublik Deutschland hat sich die schulische Beratung erst Ende der sechziger und Anfang der siebziger Jahre entwickelt (s. Gutachten des Deutschen Bildungsrates, 1970). Die Berufsberatung ist bei uns aller-dings ein eigenständiger, monopolitischer Bereich der Arbeitsämter.

Heute umfaßt die schulische Beratung folgende Aufgabenfelder:

–   Schullaufbahnberatung:
    Beratung der Wahl von Fächern, Kursen, Klassen, Schulzweigen, Schularten, Praktika etc.

14

– Pädagogisch-psychologische Beratung:
Beratung bei Verhaltens-, Erlebens-, Lernschwierigkeiten und Kommunikationsproblemen; erste Schritte der Suchtberatung.

– Unterrichtsberatung:
Beratung bei methodischen und didaktischen Fragen des Unterrichts (diese sind allerdings getrennt von den Beurteilungsaufgaben der Schulaufsicht zu sehen), auch bei Spezialfragen, wie Suchtprävention.

– Beratung der Schule als Organisationssystem (Systemberatung):
Fragen des Ablaufs und der Entwicklung von Schule als Organisationssystem.

Schulpsychologen, Beratungslehrer und gelegentlich auch Sozialpädagogen werden zur Bewältigung dieser Aufgaben eingesetzt. In vielen Fällen ist aber zu wenig Personal vorhanden, um den Anforderungen und Bedürfnissen der Ratsuchenden gerecht zu werden. Ferner ist oft eine unzureichende Aus- und Fortbildung in diesen Tätigkeitsfeldern zu beklagen.

Eine intensive Zusammenarbeit mit außerschulischen Beratungsdiensten, wie Erziehungsberatung, Berufsberatung, Suchtberatung, ist eine Notwendigkeit für eine umfassende Betreuung von Schülern, Eltern und Lehrern.

Auch die *sonderpädagogische Beratung* hat die Aufgabenfelder Schullaufbahn-, Unterrichts-, pädagogisch-psychologische- und Systemberatung zu bewältigen, das allerdings bei sonderpädagogischen Fragestellungen. Sonderpädagogik mit den Bereichen der Prävention, Integration und Rehabilitation hat aber, wie im Kap. 2 dargestellt wird, weitgehend in Verbindung mit und im System der allgemeinen Schule zu arbeiten.

Gemäß seinem Auftrag und den im Detail des Schulalltags meist selbst geschaffenen bzw. zugelassenen Aufgaben und entsprechend seiner Aus- und Fortbildung wird der Sonderpädagoge seine spezifischen Tätigkeiten wahrnehmen. Allgemein gesehen könnten bei den unterschiedlichen Aufgabenfeldern im Bereich *Beratung unter sonderpädagogischem Aspekt* folgende Fragen in den Mittelpunkt treten:

– *Schullaufbahn- und Schulaufnahmeberatung*
In welchem Fach, Kurs, welcher Klasse, Schulart, an welchen Praktika kann ein Schüler mit einer bzw. mehreren Behinderungen und/oder Verhaltensstörungen teilnehmen?

Welche Bedingungen müssen geschaffen bzw. abgebaut werden, damit ein Schulbesuch möglich ist (Beförderung, Weg zur Schule, bauliche Voraussetzungen, psychische und physische Belastung, sonderpädagogisch-organisatorische Möglichkeiten, Lehr- und Hilfspersonal)?

– *Unterrichtsberatung/Förderberatung*
Welcher besondere Förderbedarf besteht, und wie kann die Hilfe aussehen und organisiert werden?
Welche Hilfe (zur Selbsthilfe) benötigt der Lehrer, um den behinderten Schüler in einer Sonderschule oder in einer allgemeinen Schule optimal zu unterrichten?
Welches sind die personellen, materiellen, medialen, methodischen, sozialen und räumlichen Bedingungen, die eine Unterrichtung, Erziehung und ggf. spezielle Förderung bei Behinderten und von Behinderung Bedrohten aufbauen, unterstützen bzw. hemmen oder gar verhindern? Wie können behinderungsspezifische Hilfen lern- und individuumsoptimal eingesetzt werden (vgl. Hildeschmidt & Sander 1988)?

– *Pädagogisch-psychologische Beratung*
Wie lassen sich Schwierigkeiten, Konflikte und Probleme im psychosozialen Bereich, die direkt oder indirekt mit einer Behinderung in Zusammenhang stehen, bewältigen? Wie können Störungen des Verhaltens und Erlebens abgebaut bzw. wie kann ihnen präventiv begegnet werden?
Wie können hemmende Kommunikationsabläufe und -strukturen verändert und wie können positive aufgebaut, gefördert und unterstützt werden?

– *Beratung der Schule als Organisationssystem (Systemberatung)*
Wie läßt sich Schule von ihrer Organisation her so (weiter)-entwickeln und stabilisieren, daß eine sonderpädagogische Arbeit ein integrierter Bestandteil des Schulkonzepts ist?
Wie läßt sich die Zusammenarbeit der Lehrer und Sonderpädagogen so gestalten, daß sie ein Gewinn für das Schulklima und das Schulprofil (Selbstkonzept der Schule) ist (vgl. Priebe 1986, Schley 1989, Greber u. a. 1991)?

Es ist leicht zu erkennen, daß es Überschneidungen zwischen den Aufgabenfeldern der pädagogischen und der sonderpädagogischen Beratung gibt. Aufgrund meiner Erfahrungen bin ich der Meinung, daß es z. Zt. wichtiger ist, Kraft und Zeit in die Kooperation zwischen Beratern (z. B.

Beratungslehrer und sonderpädagogische Berater) zu investieren als allein in die Erstellung von Kriterien zur eindeutigen Abgrenzung. Aufgrund seiner Qualifikation und Erfahrung wird der Berater neben seinen Möglichkeiten auch Grenzen seiner Arbeit erkennen.

Beratung ist ein durch Theorie und Praxiserfahrung geleitetes Handeln. Somit ist das beraterische Vorgehen durch vorgeplante und durch spontan entwickelte *Ziele* gekennzeichnet. Allgemeine Ziele der Beratung zu benennen, ist schwierig und oft unzureichend. Die Quellen der Zielgewinnung, die theoretischen und praktischen Grundlagen, sind oft sehr unterschiedlich (vgl. Hoffmann 1988):

– empirisch-wissenschaftliche Forschungsergebnisse (Tausch & Tausch 1990, Dietrich 1983),
– durch Ausbildung, Erfahrung und Intuition gewonnene und theoriegeleitete Erkenntnisse (z. B. Freud, Rogers),
– subjektive (implizite) Theorien: die Selbst- und Weltsicht des jeweiligen Beraters,
– normative Vorgaben von Institutionen, Gremien, Weisungsbefugten.

Meist sind es mehrere Quellen, von denen der jeweilige Berater her seine allgemeinen und seine speziellen, situationsbezogenen Ziele entwickelt. Wichtig ist, daß er seine Ziele offenlegt und sie begründen kann. Der Austausch und die Reflexion im Kollegenkreis, auch von Beratungszielen, helfen, blinde Flecken zu erhellen und Widersprüchlichkeiten aufzudecken (Supervision).
Die allgemeinen Ziele eines Beratungskonzepts lassen sich, sofern sie nicht explizit formuliert sind, oft aus der jeweiligen Definition von Beratung ableiten.

Aus den im Kap. 2.1 zitierten Definitionen und Literaturangaben ergeben sich folgende *Ziele einer pädagogisch-psychologischen Beratung:*

– Beratung soll ein nach (gesprächs-)methodischen Gesichtspunkten gestalteter Problemlöseprozeß sein (Derow 1987/88).
– Dabei soll der Berater eine kooperative und offene Beziehung zum Gesprächspartner herstellen (Hirsch & Schmidtchen 1981).
– Der Berater soll dem Gesprächspartner helfen, zu einer bewußten Wahrnehmung seines Problems zu kommen (Hirsch & Schmidtchen 1981).
– Die Zielrichtung der Veränderung des Erlebens und Verhaltens soll sich an den Kompetenzen des Gesprächspartners orientieren (Dietrich 1987).

- Der Berater soll beim Gesprächspartner einen aktiven Lernprozeß in Gang setzen, der es dem Gesprächspartner ermöglicht, eine zufriedenstellende Auseinandersetzung mit seinem Problem herzustellen (Dietrich 1987).
- Die Eigenbemühungen des Gesprächspartners sollen unterstützt und seine Kompetenzen zur Entscheidungsfindung und zur Bewältigung seines Problems erweitert bzw. verbessert werden (Derow 1987/88).
- Der Berater soll dem Gesprächspartner helfen, Kompetenzen zu entwickeln und so einzusetzen, daß er sein Problem aus eigener Kraft lösen und eine gesunde psychische Umgebung für sich schaffen kann (Hilfe zur Selbsthilfe) (Hirsch & Schmidtchen 1981).
- Beratung soll die Verselbständigung und Unabhängigkeit des Klienten zum Ziel haben; sie soll auf der Freiwilligkeit des Klienten beruhen und ihm seine Eigenverantwortlichkeit belassen oder ihn dazu befähigen (Flügge 1991).

Ziele sind oft als Idealzustände beschrieben. Es gilt, sie handelnd (nachweisbar) anzustreben. Nicht immer können sie jedoch erreicht werden, sie sind handlungsleitende Zielideen. So sind auch die genannten Ziele zu verstehen. Grundsätzlich gilt es, zu prüfen, ob die konzipierten Ziele im Einklang miteinander stehen. Ferner ist dafür Sorge zu tragen, daß die Ziele nicht im Widerspruch zu dem zugrundegelegten Menschenbild stehen und daß die Methoden der Beratung Stimmigkeit zu den Zielen aufweisen (s. Kap. 4).

2.3. Formen und Struktur von Beratung

Im vorangegangenen Kapitel wurden die Aufgabenfelder pädagogischer Beratung dargestellt. Nun sollen genannte Unterscheidungsmerkmale aufgegriffen und Formen der Beratung expliziert werden.

Die pädagogische Beratung wird in unterschiedlichen Handlungsfeldern, wie Allgemeine Pädagogik, Sozialpädagogik und Sonderpädagogik, durchgeführt. Auf der inhaltlichen Ebene soll die pädagogisch-psychologische Beratung von der klinisch-psychologischen unterschieden werden; auf der methodischen Ebene die horizontale von der vertikalen Beratung. Die Unterscheidung der *pädagogisch-psychologischen Beratung* von der *klinisch-psychologischen Beratung* geschieht aufgrund der Störungs-(Krankheits-)bilder, der Professionalität des Beraters (klinischer Psychologe) und der zum Teil unterschiedlichen Ansätze und Methoden (z. B. die Psychoanalyse). Die hier dargestellte Kooperative Beratung ist eine Form der pädagogisch-psychologischen Beratung.

Die beraterische Tätigkeit wird in unvermittelter (unmittelbarer) und in vermittelter (mittelbarer) Form vollzogen.

Die *unmittelbare Beratung* geschieht im direkten Kontakt zwischen Berater und Gesprächspartner. Sie läuft nicht über ein dazwischengeschaltetes Medium; beide Gesprächspartner befinden sich im gleichen Raum und können sich sehen.

Die *mittelbare Beratung* läuft über ein Medium (Mittel). Das am häufigsten verwendete Medium ist das Telefon. In bestimmten Fällen kann es Ratsuchenden besonders wichtig sein, anonym bleiben zu können, eine sofortige Beratung in Anspruch nehmen zu können oder nicht die psychische oder physische Kraft aufbringen zu müssen, an einem anderen Ort beraten zu werden und sich jederzeit zurückzuziehen oder das Gespräch abbrechen zu können. Der Anrufer hat es stärker in der Hand, den Grad seiner Öffnung selbst zu bestimmen, nicht auch zuletzt wegen des fehlenden optischen Kontakts zum Berater. Auch Menschen, die sich erst einmal nur versuchsweise auf einen Beratungsprozeß einlassen wollen, benutzen das Telefon als Medium. Ferner kann ein Telefongespräch für die Begleitung und Nachbetreuung eines Beratungsprozesses sehr hilfreich sein. Kontakte können schneller hergestellt, leicht ausgeführt und Vereinbarungen können mit wenig Aufwand zurückgemeldet bzw. angemahnt werden.

Vom Gesprächsleiter werden bei einer rein verbalen und paraverbalen Kommunikation mehr Geschicklichkeit und Erfahrung abverlangt, um den Beratungsprozeß positiv wirkend gestalten zu können. Eine weitere Form der fernmündlichen Beratung ist eine Kommunikation über Tonkassetten bzw. -bänder. Diese Form ist allerdings nur im Rahmen der Begleitung oder Nachbereitung von Beratung angebracht, z. B. wenn der Klient seinem Berater längere Zustands- oder (Situations)berichte geben soll. Die nicht mögliche sofortige Reaktion und die Tatsache, Wirkungen nicht unmittelbar erkennen zu können, sind Nachteile dieser technisch vermittelten Kommunikationsform. Die gleichen Nachteile beinhaltet die schriftliche Beratung. Hinzu kommt noch bei einem „Gespräch" per Brief, daß durch die fehlenden vokalen Verhaltenskomponenten weitere wichtige Informationen für den Berater nicht zugänglich sind. Trotzdem hat ein Briefkontakt die gleichen oben genannten Vorteile, und er ist für viele mit einer geringeren Hemmschwelle verbunden, als dieses mit dem Besprechen einer Tonkassette der Fall ist; manchmal ist es auch leichter als ein Telefongespräch. Weitere Informationen zur mittelbaren Beratung: s. Lattke 1973, Junker 1978.

Ein weiterer Aspekt der äußeren Gestalt von Beratung ist der *Ort des Gesprächs*. Beratung findet in natürlicher (vertrauter) und in künstlicher (fremder) Umgebung statt. Viele Argumente sprechen dafür, das Beratungsgespräch in einer für den Ratsuchenden vertrauten Umgebung stattfinden zu lassen. Meist ist dieses die Schule des Gesprächspartners. Es kann aber auch Fälle geben, in denen es angebracht ist, auf andere Ortswünsche des Ratsuchenden einzugehen: dessen Wohnung, insbesondere bei Elterngesprächen, ein Café oder Restaurant. Wichtig ist, das der Ratsuchende sich wohl fühlt, d. h. das der gewählte Ort es ihm erleichtert, von dem Problem und von sich zu erzählen.

Die Schaffung eines förderlichen Maßes an Behaglichkeit und Wohlbefinden gilt aber auch für die Person des Beraters. Da es sich jedoch um eine Offenbarung des Ratsuchenden handelt, sollte seinen Wünschen soweit wie möglich und hilfreich Vorrang eingeräumt werden.

Nicht selten ist es aus zeitlichen Gründen erforderlich oder aus inhaltlicher (strategischer) Absicht sinnvoll, die Beratung in einer fremden Umgebung, einer Beratungsstelle, zu der sich der Ratsuchende begeben muß, stattfinden zu lassen. In diesem Zusammenhang ist auf die *gemeindenahe Beratung* und auf die *gemeindeferne Beratung* hinzuweisen. Zunehmend wird die Erfahrung gemacht, die H. E. Richter (1989, 69) so formuliert: „Je dichter man mit dem Beratungsangebot an die Menschen heranrückt, um so leichter werden diese mit solchen Institutionen vertraut und können ihre traditionelle Hemmschwelle überwinden, wenn sie Hilfe brauchen."

So ist es sinnvoll, wenn die sonderpädagogischen Beraterinnen und Berater, die an regionale sonderpädagogische Förderzentren angebunden sind (s. Kap. 2), ihre Beratungstätigkeit weitestgehend in „ihren" allgemeinbildenden Schulen durchführen. Auch ist es meist angebracht, wenn ein Berater einer zentralen, gemeindefernen Institution (z. B. überregionale Beratungs- oder Förderzentren) an den Ort fährt, an dem der zu betreuende Schüler und seine zu beratende Bezugsperson (Lehrer und Eltern) arbeiten bzw. leben. Eine Zusammenarbeit im Sinne eines sozialen Netzwerks auf lokaler und regionaler Ebene hat eine wesentliche Stützfunktion für eine effektive gemeindenahe Beratung. Aus Kosten- oder aus Spezialisierungsgründen ist es manchmal notwendig, die Beratung und Förderung von Behinderten in gemeindefernen Institutionen durchzuführen. Insbesondere für Fördermaßnahmen mit bestimmten diagnostischen und therapeutischen Vorrichtungen und Hilfsmitteln ist eine Anreise der Behinderten unumgänglich. Das Zentrum für Beratung und Früherkennung Sehgeschädigter in Schleswig ist ein Beispiel sowohl für gemeindenahe Beratung (reisende Beratung) als auch für eine spezielle Betreuung und

Schulung (von Laientherapeuten) in einer gemeindefernen zentralen Einrichtung (vgl. Appelhans 1991).

Des Weiteren kann zwischen *Fremdberatung* und *Selbstberatung* unterschieden werden. Die übliche, eigentliche Form ist die Fremdberatung, bei der Berater und Ratsuchender unterschiedliche Personen sind. Nicht nur die notwendige Ausbildung und Erfahrung, sondern auch die Distanz zu einem Problem machen diese Teilung der Rollen erforderlich. Allerdings gibt es Fälle, bei denen eine Selbstberatung hilfreich sein kann. Es ist bei leichten Problemen möglich, daß sich jemand anhand durchgearbeiteter Literatur zur Beratung, insbesondere der mit Problemlösestrategien, selbst berät. Mit dem im Kapitel 4 dargestellten Problemlöseschema wurden gute Erfahrungen, auch in der Selbstberatung, gemacht. Die Anwender berichteten, daß dieses durch die klare Struktur und den prasixorientierten Aufbau der Problemlöseschritte einerseits und das Sich-Zeit-Nehmen für die Auseinandersetzung mit dem Problem andererseits in vielen Fällen sehr erfolgreich war. Allerdings bestand auch die Möglichkeit zu Rückfragen und zur Fremdberatung. Ferner ging es um alltägliche Probleme. Bei dem Begriff „alltäglich" oder „normal" taucht, abgesehen von der Normabhängigkeit dieser Bezeichnung, ein Thema auf, das nicht nur bei der Selbstberatung eine Rolle spielt. Oft bilden ganz normale, nicht tiefgehende Problemsituationen den Ausgangspunkt einer Beratung. Ohne, das es die Absicht des Fremd- oder Selbstberaters ist, entwickelt sich das Problem als tiefergehend oder als weiterreichend. Selbstberatung und nichtprofessionelle Beratung sollten generell mit der Möglichkeit, zumindest mit dem Hinweis auf die Möglichkeit professioneller Beratung verbunden sein.

Als Selbstberatung i. w. S. kann auch die Form bezeichnet werden, bei der sich fortgebildete Personen gegenseitig beraten. Auch bei dieser Art der Kollegialen Beratung (z.B. Lehrer eines Kollegiums oder mehrerer Kollegien) ist auf die Notwendigkeit gelegentlicher Fremdberatung hinzuweisen, um „blinde Flecken" der inhaltlichen Themenwahl und des methodischen Vorgehens aufdecken und in besonderen Fällen professionelle Hilfe erhalten zu können (vgl. Mutzeck 1989b).

Hiermit ist die Unterscheidung in *professionelle Beratung* und *nichtprofessionelle Beratung* angesprochen (vgl. Rechtien 1988). „Professionell" bedeutet hier, daß Beratung als Beruf bzw. beruflich ständig ausgeübt wird. Der Berater hat eine durch Aus- und Weiterbildung erworbene spezifische Qualifikation zur strukturierten, an psychologisch-methodischen Gesichtspunkten orientierten Gesprächsführung. Des Weiteren sind eine ständige Fortbildung durch Literaturstudium und durch Teilnahme an Trainingskursen und Tagungen, durch Erfahrungsaustausch und durch kontinuierliche Supervision der eigenen Beratungspraxis Merkmale von Professionalität.

Ein weiterer Aspekt der Beratungsformen bezieht sich auf die Art und Anzahl der Ratsuchenden (Einzelperson, Team, Gruppe, Institution) und auf die Position (Herkunft) des Beraters.

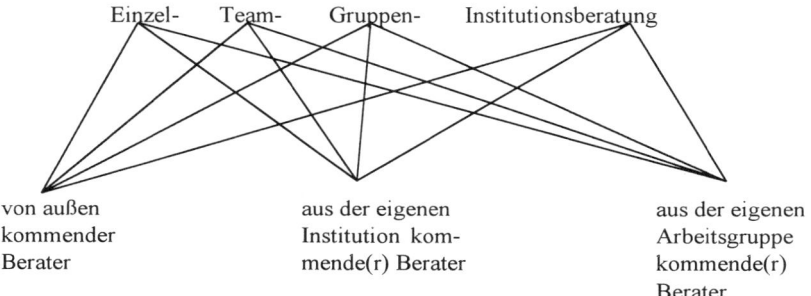

von außen
kommender
Berater

aus der eigenen
Institution kom-
mende(r) Berater

aus der eigenen
Arbeitsgruppe
kommende(r)
Berater

Abb. 2: Formen der Beratung

Einzelberatung:
Die Einzelberatung ist die klassische und am häufigsten anzutreffende Form der Beratung. Diese dyadische Interaktion (Paarbeziehung) bedeutet eine strukturierte Interaktion und ein Arbeitsbündnis zwischen Berater und Gesprächspartner, welches das Hinzuziehen weiterer Personen ausschließt, soweit nicht der Klient einer Erweiterung ausdrücklich zustimmt. Gerade bei der Beratung im Schulbereich, in dem weitere Gesprächspartner und Berater relativ schnell zur Hand sind, kann eine Einhaltung dieser Vereinbarung leicht gebrochen werden, was zu einem Vertrauensbruch beim Gesprächspartner führen kann. Auf die Beziehung Berater-Klient wird später noch näher eingegangen (s. Kap. 3).

Teamberatung:
In der sonderpädagogischen Arbeit kommt es zunehmend häufiger vor, daß mehrere Personen über längere Zeit an einem Gegenstand gemeinsam arbeiten. Sie bilden ein Team, z. B. in Klassen für Geistigbehinderte: Sonderschullehrer – heilpädagogischer Erzieher – und/oder Zivildienst-leistender; Integrationsklassen: Regelschullehrer – Sonderpädagoge – ggf. Erzieher oder andere Formen von Teamteaching.
Treten in der Zusammenarbeit in einem Team Schwierigkeiten oder Unstimmigkeiten auf, so kann sich dieses Team beraten lassen oder versuchen,

sich selbst zu beraten. Ein von außen kommender Berater ist z. B. ein Berater aus einem anderen Förderzentrum, ein Schulpsychologe oder ein in Beratung ausgebildetes Mitglied aus einem anderen Team. In jedem Fall bedarf Teamberatung einer besonderen Schulung, da gruppendynamische Aspekte oft unmittelbar zum Ausdruck oder gar zum Ausbruch kommen.

Gruppenberatung:
Die Gruppenberatung ist eine Beratungsform, bei der ein Ratsuchender und mindestens drei Berater über einen längeren, fest vereinbarten Zeitraum gemeinsam beraterisch tätig sind. Es gibt unterschiedliche Formen von Gruppenberatung. Es können natürliche, gewachsene Gruppen (Lebens- oder Arbeitsgemeinschaften) in eine Beratung gehen. Diese Gruppen können, wie zuvor dargestellt, als System bzw. Subsystem bezeichnet werden. Hier wäre die Gruppenberatung eine Systemberatung. Beispiel für eine derartige Beratungsform: Alle Lehrer einer Klasse (Subsystem: Lehrer der Klasse) machen systemorientierte Fallarbeit über Lern- und Verhaltens- störungen. Ggf. wird das eine oder andere Mitglied eines anderen Subsystems hinzugezogen, wie Beratungslehrer, Schulleiter, zuständiger Sonderschullehrer, Sozialarbeiter, Schulpsychologe, Erziehungsberater etc.

Bei der klassischen Form der Gruppenberatung kommen die Ratsuchenden aus einer oder unterschiedlichen Einrichtungen, haben aber kaum direkte oder indirekte Berührungspunkte in der beruflichen Zusammenarbeit. So treffen sich Lehrer und beraten über den Umgang mit behinderten Kindern, Lern- und Verhaltensstörungen, über ihre Angst oder Hilflosigkeit in bestimmten beruflichen Situationen. Aber auch Arbeitsprobleme mit Schülergruppen fallen in diesen Bereich. Gruppenberatung ist manchmal schwer von Gruppentherapie zu trennen. Sie setzt, wie auch die System- beratung und die Organisationsberatung (s.u.), eine zusätzliche Ausbildung in der jeweiligen Beratungsform voraus.

Junker (1975, 137) schreibt zur Gruppenberatung: „Die beraterische Leistung verlagert sich – nach Konzeption verschieden gewichtet – mehr auf den Schutz des therapeutischen Feldes (keine Besitznahme durch Einzelne!) und die Förderung der Gruppe als Ganzes und kann die Auseinandersetzung in der Einzelthematik teilweise den Interaktionen der Klienten überlassen. Dies beruht auf der optimistischen wie auch erfahrungspraktischen Überzeugung, daß die Klienten in der Gruppe untereinander weitgehend Hilfsberatungsfunktionen übernehmen. Gleichzeitig wird in der Gruppe an die Selbsthilfefähigkeit der Teilnehmer ein höherer Anspruch gestellt und ihr eine höhere Chance zugewiesen als bei der Einzelberatung, in der man sich in höherem Grade auf den Berater verlassen kann, da man ihn z. B. für die Beratungsstunde ausschließlich „besitzt". Die Hilfsberaterfunktion der

Klienten wird von wenig geübten Beratern oft als eine Rivalisierung mit ihrer eigenen Beraterfähigkeit mißverstanden. Eine solche Befürchtung des Beraters ist durch Supervision aufzulösen."

Institutionsberatung:
Gegenstand der Institutions- oder Organisationsberatung ist die Beschreibung, Erklärung, Prognose und Veränderung von Handlungsabläufen in Organisationen (wie z. B. Schulen, Beratungs- und Förderzentren, Heimen). Die Methoden der Organisationsberatung beruhen insbesondere auf dem Ansatz der Organisationsentwicklung, die von Dalin (1986) auf den Bereich Schule übertragen wurde (s. auch Priebe 1989). Ziel der Organisationsberatung ist es, die Effektivität der betreffenden Organisation zu erhöhen, gleichzeitig durch eine Verbesserung des Arbeitsklimas (Zufriedenheit, Wohlbefinden) die Persönlichkeitsentwicklung der Mitarbeiter zu fördern. Dabei ist es die vornehmliche Aufgabe der schulischen Organisationsberatung, „der einzelnen Schule als Organisation größere „Problemlösekapazität" zu geben, so daß sie in stärkerem Maße dazu befähigt wird, ihre eigene Praxis zu entwickeln, und zwar was Milieu, Leistung oder die Arbeit im Klassenraum betrifft. Organisationsentwicklung ist in einem offenen, planmäßigen, zielorientierten und langfristigen Vorgehen auf die Selbstentwicklung der Mitglieder eines Kollegiums und die Selbsterneuerung der schulischen Organisation gerichtet. Dabei sollen die pädagogischen, technischen und menschlichen Aspekte einer Schule integriert und gleichzeitig deren eigene Gesetzmäßigkeiten respektiert werden. Schulische Organisationsentwicklung beginnt bei Alltags-problemen, bei den Stärken und Schwächen, bei den Interessen und Defiziten aller Beteiligten. Sie schafft Lernsituationen für Personen, für Gruppen und für das gesamte System einer Schule" (Priebe 1989, 161 f.).

Des Weiteren sind folgende Formen von Beratung zu unterscheiden:

Systemberatung:
Menschliche Gemeinschaften, die zusammen leben oder arbeiten, wirken wechselseitig aufeinander ein. So bildet z. B. eine Familie ein System mit verschiedenen Unter- bzw. Subsystemen, wie z. B. das Subsystem Mutter-Kind oder das System Schule mit den unterschiedlichen Subsystemen, wie das Lehrer-Schüler-System. Jedes System ist in seiner Beziehung und Wechselwirkung einzigartig, auch wenn sich überindividuelle Merkmale und Strukturen ermitteln lassen. Da gerade soziales Handeln in einer systemkausalen, vernetzten und dynamischen Konstellation gesehen werden sollte, kommt einer Beratung, an der möglichst alle Mitglieder eines (Sub-) Systems teilnehmen, eine besondere Bedeutung zu. Anstatt die Beteiligten

eines Interaktionskonflikts einzeln zu beraten, versucht der Berater, mit ihnen gemeinsam die Wechselwirkung, Vernetzung und Kreisläufe von (störenden) Handlungen zu erkennen, zu erklären und gemeinsam nach Lösungen zu suchen. Ein solches Vorgehen setzt jedoch bei den Gesprächspartnern die Bereitschaft voraus, Konflikte zu ertragen, zunehmend zu kooperieren und Lösungen gemeinsam umzusetzen. Der Berater hat die Aufgabe, einen solchen Lernprozeß in Gang zu setzen, zu stärken und zu begleiten (Schley 1989, 1992). Die Systemberatung ist nicht gleichzusetzen mit der Schullaufbahnberatung im System Schule (vgl. Aurin u. a. 1977, Kleber 1989).

Supervision als Spezialform von Beratung
Die psychische Belastung, unter der Menschen stehen, die fördernd, beratend, therapeutisch, pflegend oder sozial versorgend tätig sind, ist häufig sehr groß. Auch Ratsuchende und Klienten beeinflussen ihre Helfer. Sie lassen nicht nur Gefühle von Befriedigung, Sinnerfüllung und Lebensbefähigung entstehen, sondern auch emotionale Erschöpfung, soziale Müdigkeit oder gar eine psychische Beschädigung (vgl. Fengler 1992).

Dieses innerliche Ausgebranntsein (Burnout-Syndrom) ist zunehmend auch im Lehrerberuf festzustellen (Knight-Weggenstein 1973, Köppel 1983, Becker & Gonschorek 1989, Barth 1990), auch speziell bei Sonderpädagogen (Holtz 1987, Straßmeier 1992). Um diesem Phänomen vorzubeugen oder es abzubauen, führen immer mehr Personen in fördernden und helfenden Berufen Beratung in Form einer angeleiteten Praxisreflexion und -bewältigung durch. Dieses methodische Vorgehen, welches als Einzel- oder Gruppenberatung stattfindet, wird als „Supervision" bezeichnet.

„Supervision kann verstanden werden als eine besondere Form der Beratung. Die Zielgruppe von Supervision (die Supervisanden) sind Personen, bei denen das professionelle Handeln auf die zwischenmenschlichen Beziehungen bei beratenden, helfenden, pflegenden, lehrenden, menschenführenden Tätigkeiten gerichtet ist. Gegenstand von Supervision (auch „Praxisberatung" genannt) sind schwierige bzw. gestörte Interaktionsprozesse im Berufsalltag" (Mutzeck 1989 b, 178, vgl. Rothering-Steinberg 1988). Auf diese spezielle Form von Beratung kann unter der Themenstellung dieser Arbeit nur indirekt näher eingegangen werden. Folgende Hinweise sollen der Weiterführung dieses Themas dienen. Zahlreiche Literatur, ist gerade in den letzten Jahren zur Supervision erschienen, z. B.: Conrad & Pühl 1985, Schoppig 1987, Andersen 1990, Rappe-Giesecke 1990, Pallasch 1991, Spiess, 1991, Elbing & Huber 1992, Pallasch, Mutzeck & Reimers 1992, Pühl 1992. Die „Kollegiale Supervision" von Mutzeck (1989b, 1992a) ist in Kapitel 5 dargestellt.

Abschließend soll die Form der Beratung auf die *innere Gestalt*, auf die Struktur des Vorgehens hin, betrachtet werden. Die bipolare Unterscheidung in direktive und nichtdirektive Beratung ist häufig anzutreffen, sie stellt die diametralen Vorgehensweisen der Beratung gegenüber. Hinter diesen Beratungsstrukturen stehen aber mehr als nur Verhaltensweisen, durch sie kommen explizit oder zumindest implizit bestimmte Menschenbildannahmen zum Ausdruck.

Bei der direktiven (vertikalen) Beratung bestimmt und lenkt der Berater allein den Gesprächsverlauf. Er setzt unmittelbar die Struktur der Beratung fest. Er zeigt ein aktives Gesprächsverhalten, indem er viele direkte Fragen stellt, informiert, erklärt, interpretiert, Vorschläge und Handlungsanweisungen unterbreitet, und zwar aus seiner Expertensicht heraus. Die Kommunikationsbeziehung zwischen Berater und Ratsuchendem ist asymmetrisch und vertikal. D. h. es gibt ein „oben", das Expertenwissen des Beraters, und ein „unten", die Hilfsbedürftigkeit des Ratsuchenden. Die Mitarbeit des Klienten ist reaktiv und rezeptiv (Kleber 1989).

Bei dieser *vertikalen* Beratung (Kleber 1983) wird von einer Hierarchie der unterschiedlichen Wertigkeit der Kompetenzen ausgegangen. Höherwertig („oben") sind die Fähigkeiten und Kenntnisse des Beraters, seine Beratungs- und Fachkompetenz. Minderwertig („unten") hingegen werden die Kompetenzen des Ratsuchenden eingestuft. Überspitzt formuliert lautet die Sichtweise eines so eingestellten Beraters: „Ich kenne Ihr Problem und sage Ihnen, wie Sie es lösen sollten."

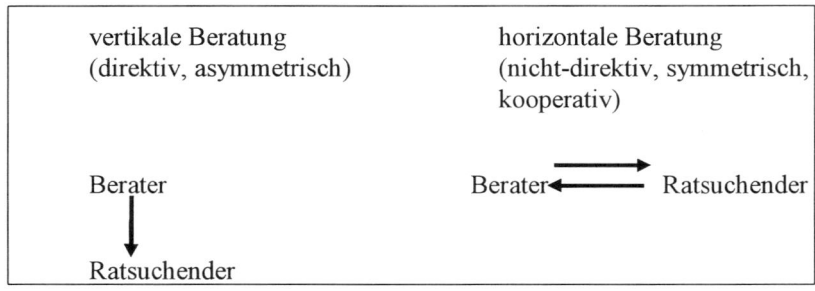

Abb. 3: Vertikale und horizontale Beratung

Die *horizontale*, wenig bzw. nichtdirektive Beratung ist gekennzeichnet durch Herstellung und Stützung der Aktivität des Ratsuchenden. Ihm werden Kompetenzen zugeschrieben, seine Kräfte und Möglichkeiten zu aktivieren, um sein Problem weitestgehend selbst zu lösen. Der Berater gibt dabei nur Hilfestellung. Die Kommunikationsbeziehung ist bei dem kooperativen Vorgehen symmetrisch bzw. horizontal.

Bei der horizontalen Beratung (Kleber 1983) bzw. kooperativen Beratung (Mutzeck 1989b) werden die Kompetenzen des Beraters und des Ratsuchenden als gleichwertig angesehen. D. h., die Kenntnisse und Sichtweisen des Ratsuchenden über sich selbst und seine Lebens- und Berufswelt, die Fähigkeiten, mit sich selbst und seinen Mitmenschen umzugehen, werden als gleichwertig, als bedeutsam angesehen. Durch die Explikation dieser Selbst- und Weltsicht des Ratsuchenden wird der Sinn seines Handelns offenbar, und damit wird die Veränderung seiner handlungsleitenden Gedanken und Empfindungen möglich. Berater und Ratsuchender erkennen die Bedeutung der Kompetenzen des Anderen an und versuchen, zu kooperieren, „sich *miteinander* zu beraten". Bei dieser symmetrischen, horizontalen Vorgehensweise ist die Rollenverteilung nicht, „Ratschläge erteilen" bzw. „Ratschläge empfangen und befolgen", sondern gemeinsam unter methodischer Leitung des Beraters den Weg der Klärung und der Lösung des Problems und der Umsetzung des erarbeiteten Handlungsweges gehen. Der Ratsuchende ist bei dieser Form von Beratung stets ein aktiv Handelnder.

Bei der Ausübung unterschiedlicher Formen der Beratung ist die Qualifikation des Beraters und dessen berufliche Erfahrung von besonderer Bedeutung. Hierzu gehören auch die Fähigkeiten, eigene Grenzen der Beratungstätigkeit zu erkennen und durch Kooperation mit anderen Beratungsstellen eine weitere Betreuung des Ratsuchenden zu ermöglichen.

2.4. Theoretische Ansätze von Beratung

Des Öfteren wird von einer Fülle von Beratungsansätzen gesprochen. Cunningham & Peters (1973) und Hoffmann (1988) sprechen von über vierzig verschiedenen Beratungstheorien. Bei näherem Hinschauen wird jedoch deutlich, daß es sich um Erklärungs- bzw. Störungsansätze sowie Behandlungs- oder Therapieansätze handelt. An Theorien, die sich speziell der Beratung widmen, fehlt es weitgehend (Benz & Caroli 1977, Rahm 1988, Rechtien 1988, Flügge 1991), obwohl die Forderung danach immer wieder erhoben wurde (Martin 1980, Hoffmann 1988, Flügge 1991).

„Es existiert bis zum heutigen Tag nicht die konsistente, hinreichend umfassende, aber auch detaillierte, eindeutig formulierte, erklärungs- und begründungsstarke sowie handlungsanleitende Beratungstheorie" (Gerstenmaier & Nestmann 1984, 21). Derzeit gibt es „noch kein befriedigendes theoretisches Rahmenkonzept" (Flügge 1991, 8, s. a. Dietrich 1987, Nestmann 1988). Meines Erachtens sollte es nicht das Ziel sein, *die* Beratungstheorie zu entwickeln, sondern die Konzeption unterschiedlicher Ansätze, die eine gerichtete Auswahl ermöglichen, ist notwendig. Die jeweilige Theorie sollte in ihren wissenschaftstheoretischen und in ihren methodischen Teilen in sich und zueinander stimmig und anwendungsbezogen (praxisrelevant) sein. Eine Konzeption der Struktur und Methoden der Beratung ist nicht losgelöst von den zugrundegelegten Menschenbildannahmen und einer Handlungs- und Störungstheorie zu sehen. Es ist nicht möglich, ohne Annahmen oder Konzepte von Beratung zu beraten. Implizit existieren sie bei jedem Berater als subjektive Theorien (vgl. Gerstenmaier & Nestmann 1984, Dietrich 1987, Mutzeck 1988); expliziert werden sie allerdings selten. Meist basieren Beratungsansätze auf therapeutischen Schulen; und insbesondere die pädagogisch-psychologische Beratung wird oft als „kleine Therapie" verstanden.

Menschenbildannahmen, d. h. die handlungsleitende Ausgangstheorie eines Beratungsansatzes, werden leider nur sehr selten direkt beschrieben; sie sind lediglich durch einen Hinweis oder durch die Beschreibung der jeweiligen psychologischen oder therapeutischen Schule implizit vorhanden. Dieses reicht aber für ein klares Beratungshandeln nicht aus. Die theoretischen Ansätze, die häufig pädagogisch-psychologischen Beratungen zugrunde liegen, lassen sich wie folgt benennen:

- psychoanalytischer Ansatz
  (z. B. Kämpfer 1992, Dickhaut & Luban -Plozza 1992)
- individualpsychologischer Ansatz
  (z. B. Tymister 1990)
- gesprächstherapeutischer Ansatz
  (z. B. Tausch & Tausch 1990, Weinberger 1988)
- verhaltenstherapeutischer Ansatz
- gestalttherapeutischer Ansatz
  (z. B. Burow 1992, Rahm 1988)
- transaktionsanalytischer Ansatz
  (z. B. Stewart 1991)
- psychodramatischer Ansatz
  (z. B. Krüger 1992)
- Ansatz der themenzentrierten Interaktion
  (z. B. Freudenreich & Meyer 1992)

- systemischer Ansatz
  (z. B. Andersen 1990, Hargens & Grau 1992)
- organisationspsychologischer Ansatz
  (z. B. Schley 1992)
- Ansatz der Psychologie des reflexiven Subjekts
  (z. B. Mutzeck 1992a; Schlee 1992)
- handlungstheoretischer Ansatz
  (z. B. Flügge 1991)
- didaktischer Ansatz
  (z. B. Pallasch 1992).

Inwieweit ein Berater vollständig, teilweise oder überhaupt keinen oder mehrere der genannten oder andere Ansätze seinem Handeln zugrunde legt, ob er mehr oder weniger seine Erfahrungstheorien (pragmatischen Alltagstheorien) handlungsleitend einsetzt, und welche Auswirkungen das zugrundegelegte Paradigma auf den Beratungsprozeß hat, sind nur einige Fragestellungen für eine notwendige praxisnahe Beratungsforschung.

Bommert & Plessen (1978) weisen nachdrücklich darauf hin, „daß die ausschließliche Orientierung an einer der herkömmlichen orthodoxen „Schulen" der Beratungstätigkeit mit einer Einschränkung praktischer Hilfsmöglichkeiten einhergeht, die es durch einen problemorientierten Einsatz von Interventionselementen unterschiedlicher „Schulen" zu überwinden gilt" (S. 7). Es stellt sich die Frage, ob ein Beratungskonzept ein geschlossenes System sein muß, oder ob es möglich ist, eine Rahmenkonzeption zu entwickeln, die offen ist für unterschiedliche Konzepte innerhalb dieses Rahmens.

Eine *Beratungstheorie* kann als eine Art *Meta- oder Schachteltheorie* gesehen werden. Den äußeren Rahmen bilden die Menschenbildannahmen, die der Beratungskonzeption zugrunde gelegt werden. Der darunter liegende Bezugsrahmen beinhaltet die Gegenstandskonzeption, d. h. die Handlungs- und Störungstheorie bzw. Verhaltens- und Abweichungstheorie. Den Kern bildet die Beratungskonzeption i.e.S., die Struktur und die Methoden der Beratung.

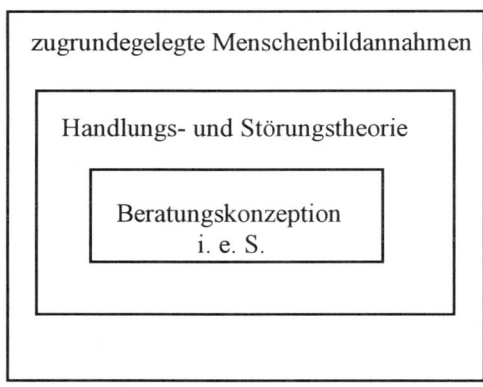

zugrundegelegte Menschenbildannahmen

Handlungs- und Störungstheorie

Beratungskonzeption
i. e. S.

Abb. 4: Bezugsrahmen und Bestandteile einer Beratungstheorie

Die Explikation (Offenlegung und Erläuterung) der Menschenbildannahmen ist für eine Theorie, die den Menschen als Gegenstand von Beratung hat, eine notwendige Voraussetzung. Diese Menschenbildannahmen dienen zur Orientierung mit dem Ziel einer regulativen und korrektiven Funktion. Alle nachfolgenden Elemente der Beratungstheorie haben sich auf diese Grundannahmen zu beziehen und sollten nicht im Widerspruch zu ihnen stehen (Groeben u. a. 1988, Mutzeck 1988). Es soll mit dieser Arbeit versucht werden, diesem hier aufgezeigten Anspruch an eine Beratungstheorie in Bezug auf eine Konzeption, die Kooperative Beratung, so weit wie möglich gerecht zu werden.

Handlungen und Verhalten des Menschen und seine Abweichungen davon, die unterschiedlichen Behinderungen, Störungen und Probleme bilden den zentralen Gegenstand pädagogisch-psychologischer Beratung. Auch dieses Gegenstands(vor)-verständnis beeinflußt den Beratungsprozeß und das Beratungsergebnis entscheidend. Es ist zwar nicht notwendig, das in der Gegenstandskonzeption einer Beratungstheorie die Behinderungs- und Störungsbilder im Einzelnen beschrieben werden. Der Ausgangspunkt von Abweichungen, die zugrundegelegte Verhaltens- oder Handlungstheorie, ist aber ein unverzichtbarer Teil einer Gegenstandsbeschreibung (vgl. Mutzeck 1991b).

In einer Beratungskonzeption i. e. S. sollte angegeben werden, wie der Berater seine Arbeit zu verstehen hat.
Dieses Beratungsverständnis umfaßt die:

- Realitätskonzeption: Für welchen Realitätsbereich und welche Form von Beratung ist diese Konzeption zu entwickeln?

- Beziehungskonzeption: Wie soll sich die Beziehung Berater-Ratsuchender gestalten? Welche inneren und äußeren Haltungen des Beraters können die Bewältigungskompetenz des Ratsuchenden aufbauen oder verbessern?

- Methodenkonzeption: Welche Ziele, welche Struktur (z. B. Problemlösestrategie) und welche Methoden werden dem Berater als Leitfaden oder Hilfen empfohlen? Welche Prozesse sollten sich beim Ratsuchenden vollziehen, um ein Problem mental und handelnd bewältigen zu können?

- Bedingungskonzeption: Welche äußeren Bedingungen müssen vorhanden sein oder hergestellt werden, um den Selbstexplorationsprozeß (Erkundungs-, Erkenntnis- und Beschreibungsprozeß) anzuregen, zu erleichtern und zu fördern?

- Evaluations- und Supervisionskonzeption: Wie kann der Berater die Prozesse und Wirkungen seines Handelns erfassen (Evaluation), aus der Distanz betrachten, reflektieren und sich Unterstützung und Rat holen (Supervision)?

Zur Qualifizierung von Beratern durch Ausbildung und Berufserfahrung gehört jeder dieser Bereiche. Einer Methodengläubigkeit (Rezeptologie), die in der Literatur immer wieder zu finden ist, kann so entgegengewirkt werden.

Beratung ist, wie schon gesagt, ein besonders gestalteter Interaktionsprozeß. Dabei ist das Vorhandensein von Beratungstheorien nicht nur auf den Berater beschränkt. Während die Vorstellungen des Beraters eher von (empirisch-)wissenschaftlichen Theorien durchzogen sind, bestehen die Vorstellungen der Ratsuchenden eher aus subjektiven Theorien über Beratung. Bei Beiden spielen die eigenen unterschiedlichen Erfahrungen, Institutionen und normativen Vorgaben und Sichtweisen eine Rolle.

Umwelt

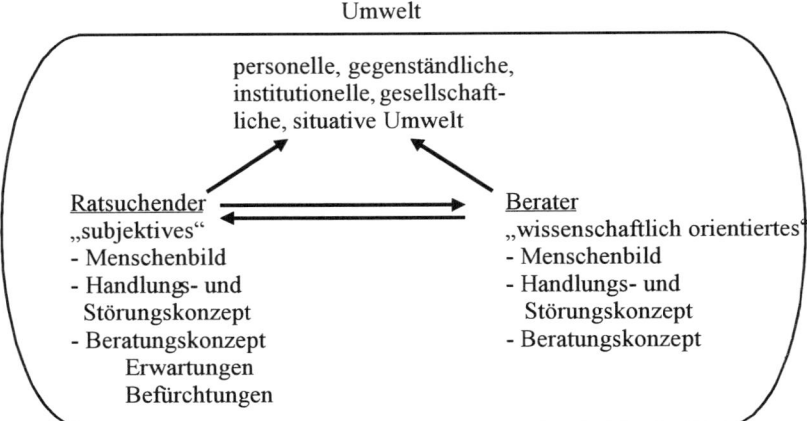

Abb. 5: Beratung als Interaktionsprozess

Die Sichtweise gegenüber dem Problem und dessen Bewältigung beruht nicht nur auf dem individuellen Erleben der Gesellschaft und auf der Wahrnehmung von Ereignissen, sondern sie wird unweigerlich durch das zugrundegelegte Konzept beeinflußt.

Mit Dietrich (1987, 2) soll auf die Vorstellungen des Ratsuchenden (Klienten) näher eingegangen werden: „Selbstverständlich können die aufgewiesenen Problemaspekte auch im Denken von Klienten aufgefunden werden. Daß Herr und Frau Jedermann, die als Klienten Beratung in Anspruch nehmen, sich Gedanken darüber machen, wodurch und warum ihr Problem zustandegekommen ist, durch welche bessere Gesamtlage sie gern ihre gegenwärtige Schwierigkeit ersetzt hätten, wodurch eine solche Verbesserung ermöglicht werden kann, und was sie selbst zum Gelingen dieser Veränderung beizutragen haben (oder auch nicht), kann aus den Aussagen von Klienten unschwer entnommen werden. Die diesbezüglichen vorwissenschaftlichen (subjektiven) Theorien der Klienten sind vielfältig. Ob diese subjektiven Theorien der Klienten unter wissenschaftlichen Gesichtspunkten gültig sind, mag dahingestellt bleiben. Jedenfalls existieren sie und werden von den Klienten als Leitlinien ihres Handelns benützt – mit welchem Grad der Gewißheit der Tauglichkeit ihrer Theorie auch immer. Diese subjektiven Theorien dürfen nicht vernachlässigt oder geringgeschätzt werden. Es wird heute als eine wichtige Aufgabe der Beratung angesehen, daß der Berater zwischen seiner eigenen wissenschaftlichen Theorie und der subjektiven Theorie des Klienten vermittelt" (s. a. Heckhausen 1975, Groeben & Scheele 1977, Weinert 1977, Mutzeck 1983; 1988, Schlee 1987, Groeben u. a. 1988). Es bleibt zu ergänzen, daß neben der kognitiven Komponente bei der Bildung von subjektiven Theorien ebenso die Emotionalität einen entscheidenden Einfluß hat (Ulich 1982, Mutzeck 1988).

Eine Beratungstheorie, die die genannten Aspekte und Konzeptionen umfaßt (s. Abb. 4) und damit eine Ganzheit darstellt, gibt es bisher leider noch nicht. Meist werden nur einzelne Aspekte, insbesondere eine Beratungskonzeption i. e. S., beschrieben. Arbeiten, die versuchen, diesem Anspruch einer Ganzheit nachzukommen, sind die von Dietrich (1987) und von Flügge (1991) sowie die folgenden Ausführungen.

Bevor in Kap. 3 versucht werden soll, grundlegende Aspekte einer speziellen Beratungskonzeption darzustellen, ist es angebracht, auf den Aspekt der Handlungs- und Störungskonzeption einzugehen.
Ein Berater, der mit einem Problem eines Ratsuchenden konfrontiert wird, kann sich mit dem Problem nicht ohne Hintergrund auseinandersetzen. Er hat auf Grund seiner Ausbildung wissenschaftliche Handlungs- und Störungstheorien kennen- (und anwenden) gelernt, die geläutert (transformiert) durch seine Berufs- und Lebenserfahrung seine individuellen Verstehens- und Erklärungsmuster darstellen. Die unterschiedlichen Verhaltens- bzw. Handlungs- und Störungstheorien sind in den Studienbriefen „Kinder und Jugendliche mit Verhaltensstörungen. – Grundlegende Sichtweisen; Reader I bis III" (Nr. 4059, 4060, 4061) von Mutzeck 1991d dargestellt. Hinzuweisen sei ebenso auf die zusammenfassenden Darstellungen psychologischer Handlungs- und Störungstheorien (in der Beratungsliteratur bei Benz & Caroli 1977, Biermann-Ratjen u. a. 1986, 4. Auflage, Martin 1980, Gerstenmaier & Nestmann 1984, Thommen u. a. 1988 sowie im „Handwörterbuch der Psychologie", Asanger & Wenninger 1988, 4. Auflage und im Bereich Verhaltensgestörtenpädagogik bei Hanke u. a. 1976, Iben 1981, Speck 1981a, 1981b, Sprau-Kuhlen 1981, Benkmann 1984, 1989, Havers & Peterhoff 1984, Bach 1989, Vernooji 1989, Speck 1991b).

Die Handlungs- und Störungstheorien, die am häufigsten die psychologische Grundlage von Beratung bilden, haben folgende Ansätze:

– Psychoanalyse und Individualpsychologie
– Verhaltenstherapie/Verhaltensmodifikation
– Personenzentrierte/Nicht-direktive Gesprächspsychotherapie
– Gestalttherapie
– Rational-emotive Therapie

- Kommunikationstheorie
- Kognitive- und Handlungstheorie
- Systemische Therapie
- Soziologische Theorien.

Die Handlungs- und Störungstheorien (Erklärungs- und Bewältigungsansätze), und nicht nur die hier genannten, sind meist sehr heterogen und z. T. kontrovers. „Diese Unterschiedlichkeit der Sichtweisen ist aus der Vielschichtigkeit des Erlebens und Verhaltens des Menschen zu verstehen. Eine (Erklärungs-) Theorie sollte zwar eine interne Widersprüchlichkeit vermeiden und eine möglichst widerspruchsfreie Vernetzung ihrer konstituierenden Annahmen darstellen. Sie sollte aber keinen Universalitätsanspruch vertreten. Wir produzieren nur Mißerfolge, wenn wir meinen, das gesamte Erleben, Verhalten und Handeln mit einer Theorie erklären zu können. Zur Erklärung von Verhalten bzw. Verhaltensstörungen sind unterschiedliche Sichtweisen vom Zugangswege zum Menschen heranzuziehen. Somit kann ihre Verschiedenartigkeit für das Sehen und Verstehen hilfreich sein. Bildlich gesprochen heißt das: Eine Sichtweise (theoretischer Erklärungsansatz) ist wie der Kegelschein einer brennenden Taschenlampe. Mit dem Schein kann man einen Teil eines dunklen Raumes erhellen; der nicht erleuchtete Teil bleibt im Dunkel. Frei nach Fooken gesprochen: Wo Licht scheint, ist auch Schatten; jede einseitige Betrachtungsweise erzeugt trotz ihrer erhellenden Wirkung auch Schattenbereiche (Goetze u. a. 1986). Gerade die Auseinandersetzung mit diesem bei jeder Theorie vorhandenen Dualismus ist notwendig, um eine unkritische Anpassung und um selbsterzeugte Mißerfolge zu vermeiden (Fooken 1986).

„Es sind somit die beiden Fragen an jede Erklärungstheorie zu stellen: Was kann eine Theorie erklären? Wo sind die Grenzen der theoretischen Sichtweise bzw. was kann nicht oder nur sehr unzureichend erklärt werden?" (Mutzeck 1991d, Studienbrief 4059, S. 6)

Es ist naheliegend zu fragen, welches denn nun die effektivste Handlungs- und Störungstheorie (therapeutischer Ansatz) sei. Für die Beantwortung dieser Frage kann weder die Beratungs- noch die Therapieforschung gesicherte Ergebnisse vorlegen (vgl. Grawe 1975). Es sollten stärker die Möglichkeiten und Grenzen der jeweiligen Ansätze herausgearbeitet und empirisch untersucht werden, um dem Berater bessere Orientierungs- und Entscheidungsmöglichkeiten geben zu können.

In der Praxis beraterischer und therapeutischer Arbeit ist ein integratives, differentielles, bzw. eklektisches (unter den jeweiligen Möglichkeiten auswählendes und vermischendes) Vorgehen festzustellen (Nestmann 1988).

Dieses ist aber nicht einem unreflektierten, nur auf Methoden fixierten Verhalten gleichzusetzen.

Abschließend sei wiederholend betont, daß für ein professionelles Beratungsgespräch in sonderpädagogischen Handlungsfeldern außer einer theoretischen und praktischen Qualifizierung im Bereich Beratung eine Ausbildung in zwei Fachrichtungen der Sonderpädagogik unabdingbar ist.

2.5. Bisherige Erfahrungen in der pädagogischen Beratung

In einem Tätigkeitsbereich, der erst am Beginn seines Aufbaus steht, wie es bei der sonderpädagogischen Beratung der Fall ist, können manche Schwierigkeiten und Fehler vermieden werden, wenn Erfahrungen aus ähnlichen Arbeitsfeldern berücksichtigt werden. Ein Blick in die Tätigkeit der Beratungslehrer ist naheliegend, da die sonderpädagogischen Berater in einem ähnlichen Aufgabenbereich tätig sind.

Die Ausbildung und Tätigkeit von Beratungslehrern hatte bereits Anfang der siebziger Jahre eine erste große Aufbauphase (Aurin u. a. 1973, Mutzeck 1973). Seitdem hat sich die schulische Beratung stetig, wenn auch nicht in dem notwendigen Umfang wie geplant (Deutscher Bildungsrat 1970, Aurin u. a. 1973), weiterentwickelt.

Besonders in den letzten Jahren gab es Untersuchungen und Reflexionen über die bisherige Ausbildung und Tätigkeit von Beratungslehrern (Bärsch 1985, Hettwer & Stobberg 1985, Hoffmann 1988, Redlich 1989, Barres u. a. 1990, Schönig 1990). Die wichtigsten Ergebnisse werden hier zusammengefaßt wiedergegeben. Wenn dabei weniger die Erfolge, sondern im Wesentlichen Probleme und Verbesserungsvorschläge genannt werden, soll das nicht die Anerkennung der Arbeit der Beratungslehrer mindern.

Über fünfzehn Jahre nach der Feststellung, daß es an einer Theorie der schulischen Beratung fehlt (Faulstich-Wieland 1978), ist dieser Zustand auch heute noch zu beklagen. Die defizitäre theoretische Fundierung erschwert auch die praktische Arbeit der Beratungslehrer. Die Tätigkeitsfelder sind vielfältig und komplex, die Ausbildung aber nur relativ kurz. Häufig führt dieses zu einer nicht ausreichenden, unbefriedigenden Professionalität, insbesondere in den Bereichen Gesprächsführung und Beratung (Hoffmann 1988, Redlich 1989, Barres u. a. 1990, Schönig 1990). Dieses mag auch ein Grund dafür sein, daß es zum Vorwurf kommt, die Berater hätten einen rein pragmatischen und dilettantischen Zugriff auf die „bunte Palette psychotherapeutischer Methoden" (Schönig 1990, 3) als Grundlage oder Vorgehensweise für ihre Beratung.

Die überwiegende Zahl der Beratungslehrer hat maximal nur fünf Unterrichtsstunden Entlastung für ihre Tätigkeit, in denen eine Fülle von Aufgaben zu erledigen sind. Das Untersuchungsergebnis über die Arbeit der Hamburger Beratungslehrer ist ein Beispiel dafür (Redlich 1989, 48).

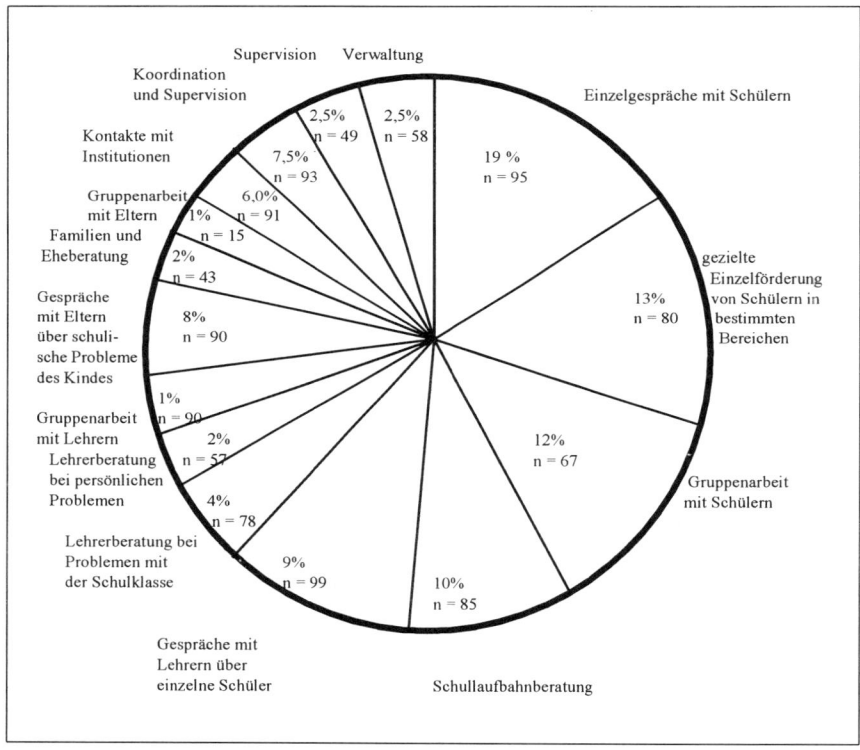

Abb. 6: Verteilung der Beratungszeit der befragten Beratungslehrer (BL) auf die Tätigkeitsbereiche.

Angegeben ist der Prozentanteil jedes Bereichs am Gesamtbudget von 101 BL sowie die Zahl der BL, die für den Untersuchungszeitraum im jeweiligen Tätigkeitsbereich gearbeitet haben.

Beklagt werden die vielerorts unzureichenden räumlichen und materiellen Bedingungen. Schulstrukturelle Organisationsformen, wie 45-Minuten-Takt, zu wenig Zeit für Einzel- und Gruppenberatung, lange Wartezeiten, geringe Flexibilität sind weitere Merkmale, die erschwerend wirken. Viele Beratungsgespräche finden zwischen Tür und Angel statt und enden daher oft in einer beiderseitigen Unzufriedenheit. Die von der KMK empfohlene Beratungslehrer-Schüler-Relation von 1:500 wird meist weit überschritten. Dieses Versorgungsdefizit läßt sich auch dadurch nicht beheben, daß zunehmend mit den Lehrern als sogenannte Ko-Therapeuten oder Mediatoren gearbeitet wird. Auch die Arbeitsfelder werden nicht weniger, sondern es kommen neue hinzu, z. B. Prävention und Fortbildungstätigkeit.

Die Einzelfallarbeit (pädagogisch-psychologische Beratung, z. T. auch Förderung) nimmt die Hälfte der Arbeitszeit ein, der Bedarf daran ist jedoch weitaus größer. Hierbei geht es aber fast ausschließlich um Schülerberatung; die Kollegen halten sich oft vornehm zurück. Viele Beratungslehrer klagen „über Desinteresse, fehlende Integration im Kollegium, Isolation, Konflikte und Distanzierung mancher Kollegen. (...) Der Beratungslehrer hat häufig mit dem Problem mangelhafter Akzeptanz seiner Person und seiner Berufsrolle im *eigenen* Kollegium zu kämpfen" (Schönig 1990; Hervorhebung durch den Verfasser).

Ferner wirkt sich ein wenig kooperierendes, sondern eher konkurrenzorientiertes Verhältnis zum Schulpsychologen, zum Schulleiter (in seiner Beratungsfunktion) oder zu anderen Beratern in der Schule (wie Sozialarbeiter, Drogenkontaktlehrer, Vertrauenslehrer, Personalrat) als sehr hinderlich aus.

Zufriedenheit äußern die Beratungslehrer, wenn der räumliche, materielle und vor allem der zeitliche Kontext beratungsfreundlich gestaltet werden kann, und zwar nicht in einer Form, die stets neu erkämpft werden muß, sondern wo auch durch Schulleitung und Schulaufsicht Unterstützung und Anerkennung erfolgten. Ferner erleben sie es als hilfreich, wenn die Möglichkeit besteht, die hohe, vor allem psychische Arbeitsbelastung und manche fehlende Kompetenz durch Supervision und Fortbildung abbauen zu können (was heutzutage bei den meisten helfenden Berufen eine Selbstverständlichkeit ist). Die am häufigsten genannten Belastungsfaktoren sind neben den genannten mangelhaften äußeren folgende inhaltliche Bedingungen: „an der Oberfläche arbeiten zu müssen und die eigentlichen Ursachen nicht zu erreichen, ... geringe Kooperationsbereitschaft von Eltern und Lehrern, aber hohe Erwartungen an die Arbeit der Beratungslehrer mit den Schülern ..., eigene Kompetenzdefizite, häufige Konfrontation mit

schlimmen Schicksalen und Familienverhältnissen und geringe Wirkungen von Beratungen und Interventionen" (Redlich 1989, 52).
Durch gezielte Informationen, planvolle Öffentlichkeitsarbeit und ver-trauensbildende Maßnahmen könnten viele hinderliche Einstellungen (Abwehr, zu hohe Erwartungen, Ängste etc.) abgebaut werden (Hoffmann 1988). Der Erfolg der Arbeit wird auch zu einem wesentlichen Teil mit-bestimmt durch die örtliche Nähe des Beratungsangebots und durch die Tat-sache, daß ein Beratungslehrer nur eine Schule zu betreuen hat (aber mög-lichst nicht die eigene!?). Gemeindenähe, eine Vernetzung der Beratungs-dienste und Teamarbeit stellen wichtige Voraussetzungen für eine effektive Kooperation dar, ohne die eine an Komplexität und Fachkenntnissen zunehmende Arbeit nicht zu bewältigen ist.

Die notwendige, fortschreitende Professionalität der schulischen Beratung darf jedoch nicht zu Fehlentwicklungen führen.
Zwei Beispiele seien genannt:

1. „Beratung darf keine Alibi-Funktion für unterlassene pädagogische Aktivitäten bedeuten. Sie muß eine innovative Tendenz haben. Sie sollte also nicht vornehmlich eine Feuerwehrfunktion haben" (Bärsch 1985, 13). Prävention sollte neben der Rehabilitation ein mindestens gleich-gewichtiger Schwerpunkt von Beratung sein. Dazu gehört auch die Weiterentwicklung von Schulen. Eine Möglichkeit, dieses Ziel zu er-reichen, ist die schulinterne Lehrerfortbildung (Mutzeck 1984b, Priebe 1986, Schönig 1990). Als sehr hilfreich haben sich bei dieser Form der Erwachsenenbildung der Ansatz und die Methoden der Organisations-entwicklung (Dalin 1986, Pieper 1986, Osswald 1990, Priebe 1989, Schley 1989) erwiesen.

2. Ein weiteres Beispiel für eine teilweise schon eingetretene Fehl-entwicklung ist die Verschiebung der Beratungsaufgabe von den Lehrern auf die sogenannten Experten (Schulpsychologen, Beratungs-lehrer, Schulsozialarbeiter). „Ein Schüler, der zwecks Belehrung und Wissensaufnahme im Lehrerunterricht sitzt und auf den Sozial-pädagogen warten muß, bis dabei entstandene oder von zu Hause mit-gebrachte soziale und emotionale Bedürfnisse zum Thema werden dürfen, wird in Teile eines Objekts zerlegt, das einen Identitätsverlust erleidet. Nach Sinn suchend, wird der Schüler dann leicht auffällig, so daß eine in solcher Weise organisierte Schule oft nur lindern können wird, was sie verstärkt hat und einmal doch verhindern wollte: Sie bleibt Feuerwehr für selbstgelegte Brände" (Hopf 1981, 54).

Durch eine veränderte Aus- und Fortbildung sollten die Rückgewinnung pädagogischer Kompetenzen und eine Entprofessionalisierung eines in einigen Bereichen überzogenen Expertentums an unseren Schulen eingeleitet werden (Mutzeck 1984b). Ferner sollte jede Schule die eigenen Beratungsressourcen stärker mobilisieren und im Rahmen schulinterner Lehrerfortbildung weiterentwickeln. Die Notwendigkeit, Beratung und Gesprächsführung als eine allgemein grundlegende Kompetenz für alle Lehrer (wieder) einzuführen (Bärsch 1985), macht die eingangs geforderte bessere Qualifizierung der Beratungslehrer nicht überflüssig.

Bei der Beurteilung der Inhalte der Beratungslehrerausbildung haben erfahrene Beratungslehrer angegeben, Gesprächsführung und Beratung als erheblich brauchbarer erlebt zu haben als Verhaltensmodifikation. Noch weniger war ihnen eine schulpsychologische Diagnostik hilfreich, die überwiegend auf der Basis von Schultests erfolgte (Redlich 1989).

Die Beratungsstrategie sollte so konzipiert sein, daß die Gesprächspartner ihre Problemlösekompetenz und die Hauptverantwortlichkeit ihres Handelns nicht an die institutionalisierte Beratung abgeben (Bärsch 1985). Professionelle Beratung hat geradezu die Pflicht, Abhängigkeit zu vermeiden und sowohl Selbständigkeit als auch Kooperation aufzubauen und zu fördern.

Nach der Darstellung der Handlungsfelder von Beratung (Kap. 2) und der allgemeinen Grundlagen von (pädagogischer) Beratung (Kap. 2) soll nun eine theorie- und praxisorientierte Beratungsmethode entwickelt werden, die „Kooperative Beratung".

3. Konzeption des Beratungsansatzes „Kooperative Beratung"

Die Konzeption einer Kooperativen Beratung besteht aus den Elementen „Bezugsrahmen": theoretische Grundlagen (Kap. 3.1), „Konsequenzen für eine menschenbildadäquate Beratung" (Kap. 3.2) und „Struktur und Methoden der Kooperativen Beratung" (Kap. 4).

3.1 Bezugsrahmen der Kooperativen Beratung

Die Orientierungs- und Bezugspunkte der Methode „Kooperative Beratung" bilden eine wissenschaftstheorieorientierte Menschenbildkonzeption, einschließlich des Konzepts der Konstruktion von Wirklichkeit, und die Konzeption eines Handlungsmodells (vgl. Abb. 7). Diese Konzeptionen sollen – so weit wie möglich – in sich und zueinander stimmig und übereinstimmend in Bezug auf die grundlegenden Merkmale sein. Diese intra- und interstrukturelle Stringenz und Konkordanz sollen auch dann aufrecht erhalten werden können, wenn sich die Beratungskonzeption in der Alltagspraxis zu bewähren hat. Die Entwicklung einer Beratungstheorie und ihrer Konzeptionen bezieht sich auf die Gesamtkonzeption. Viele Einzelaspekte wurden bereits explizit formuliert (Mutzeck 1988, 1989b, 1990) und in der Aus- und Fortbildung sowie im schulischen Beratungsalltag praktiziert.

3.1.1 Menschenbildkonzeption

Ob wir über Menschen forschen, ob wir sie diagnostizieren, unterrichten, erziehen, therapieren oder beraten, bei keiner dieser Tätigkeiten arbeiten wir ohne grundsätzliche Vorstellungen vom Menschen. Jedes Mal haben wir Annahmen und Sichtweisen über die grundsätzlichen Fähigkeiten und das Funktionieren von Menschen. Der Zugang zu einem Gegenstand, hier dem Menschen in einer Beratungssituation, ist also nicht voraussetzungsfrei. Das Gegenstandsverständnis, m. a. W. die zugrundegelegte Menschenbildkonzeption, beeinflußt einen Beratungsprozeß auf vielfältige Weise, z. B. wie der Berater das Gespräch strukturiert oder ob er bestimmte Beratungsbedingungen herstellt oder nicht. Personen, die eine Beratungskonzeption erstellen, seien es Wissenschaftler oder Praktiker, sollten deshalb allen Beratern, die mit dieser Konzeption arbeiten wollen, ihre zugrundegelegten Menschenbildannahmen zugänglich machen. Das Gegenstandsverständnis, das jeweilige Menschenbild, gibt den Rahmen, in dem die Konzeptionen der Beratungstheorie formuliert werden (s. Kap. 2.4, Abb. 4; Weiteres über die Konzeption von Menschenbildern s. Herzog 1984, Karmann 1987, Groeben u. a. 1988, Mutzeck 1988, Stangl 1989).

Die Beratungskonzeption „Kooperative Beratung" orientiert sich an einem humanistischen Menschenbild, welches seine Wurzeln in der „Psychologie des reflexiven Subjekts" und ferner in den Ansätzen der personenzentrierten, der systemischen, der kommunikationstheoretischen und der gestalttheoretischen Psychologie hat.

Der Mensch ist ein ganzheitliches Wesen, welches von seinen generellen Möglichkeiten her (potentiell) die Fähigkeiten des Denkens einschließlich des Entscheidens und Wollens, des Fühlens, des Sprechens und Handelns besitzt. Bezugssystem dieser potentiellen Fähigkeiten ist dessen Körperlichkeit und Spiritualität einerseits und die Umwelt, Soziabilität und Historizität andererseits. Der Mensch kann zu sich selbst in Beziehung treten (*Intra*aktion) und zu seiner Umwelt, insbesondere zu seinen Mitmenschen (*Inter*-aktion). Er ist ein potentiell aktives Wesen.

Auch wenn die wesentlichen Fähigkeiten des Menschen im Folgenden zunächst einzeln hervorgehoben werden, so bilden sie doch, wie später ausgeführt, eine Einheit, eine Ganzheit. Diese Ausführungen sind bei Mutzeck (1988) ausführlich expliziert.

Die im Folgenden explizierten Menschenbildannahmen sind die für diesen Beratungsansatz wesentlichsten, geben aber noch kein vollständiges Bild des Menschen wieder, was auch nicht beabsichtigt ist. Es handelt sich um ein ideales Bild vom Menschen, welches als eine regulative Zielidee zu sehen ist. Diese dient zur Orientierung und zur Korrektur vor allem bei der Methodenkonzeption und -anwendung. Auch wenn die Grundannahmen menschlicher Fähigkeiten prinzipielle Möglichkeiten darstellen, so sind sie doch die Beschreibung von Faktischem. Es sind Fähigkeiten, die potentiell zum Selbst(verständnis) des Menschen gehören und damit sowohl für den Berater wie auch für den Ratsuchenden konstitutiv manifestiert sind. Somit ist das Menschenbild, das die Grundlage einer Beratungskonzeption bildet, mehr als ein philosophisches Problem. Es entscheidet mit darüber, wie mit den an einer Beratung teilnehmenden Personen umgegangen wird, d. h. welche Fähigkeiten ihnen zugestanden und welche genutzt und gefördert werden. Da gerade beim Menschen geistige und emotionale Fähigkeiten durch Wachstum und Reifung gekennzeichnet sind (Maslow, Rogers, Tausch), kommt es darauf an, Situationen zu schaffen, die ein Ausbilden und Weiterentwickeln fördern.

Menschliche Fähigkeit: *Reflexivität*

Durch die Fähigkeit des Nachdenkens und Überlegens (Reflexivität) kann der Mensch sein Denken, seine Aufmerksamkeit und sein Bewußtsein von den Gegenständen, Situationen und Erfahrungen der Außenwelt abwenden und sich nach „innen", dem inneren Erleben zuwenden, sich auf Erfahrenes gedanklich zurückziehen und das Gedachte überdenken. Damit kann er nicht nur vergangene Erfahrungen verarbeiten, ihnen Sinn und Bedeutung geben. Der Mensch kann insbesondere auch zukunftsbezogen handeln; d. h. das menschliche Subjekt überlegt sich Ziele und Möglichkeiten zu deren Erreichung; es stellt Pläne auf. Es kann zu diesen Plänen und zu seinen Erfahrungen in Distanz treten, die Situation und die Bedingungen überdenken, neue Informationen einholen und einbeziehen und die Pläne und Bedingungen verändern. Somit ist der Mensch ein reflexives Subjekt, das Annahmen und Erklärungen bildet, überprüft und zur Handlungssteuerung anwendet. Die Möglichkeit zur Reflexivität setzt den Menschen dann in die Lage, auch die inneren Prozesse seines Handelns, die Ziele, Intentionen, Gründe etc. selbst zu interpretieren. Durch dieses Selbstbewußtsein und diese Selbstaufmerksamkeit kann das menschliche Subjekt sich selbst, seine inneren Erlebnisse und so auch sein Denken, Fühlen und Wollen zum Gegenstand des Nachdenkens machen. Es kann Erfahrungen reflektieren und sie zur Bewältigung von Problemen einsetzen.

Menschliche Fähigkeiten: *Rationalität, Intentionalität, Sinnorientierung, Erkenntnisfähigkeit*

Der Mensch als reflexives Subjekt verfügt über die Fähigkeit, rational zu handeln. Er ist in der Lage, sein Handeln unter Abwägung von Kosten und Nutzen, der Erwartungen künftiger Ereignisse usw. zu planen. Handeln ist somit begründbar, sinnorientiert und intentional. Ziele und deren Erreichung bzw. Unterlassung kommen absichtlich und vernunftorientiert zustande. Abwägen, Auswählen, Sich-entscheiden und Begründen sind Teile dieses rationalen Prozesses. Diese überwiegend kognitiven Prozesse setzen Wissen, dessen Beschaffung und Aneignung voraus. Dieses Wissen ist auf Grund einer individuellen reflexiven Verarbeitung der Informationen ein subjektives Wissen.

Der Mensch versucht, seine durchdachte Welt- und Selbstsicht (Subjektive Theorie) in der Realität anhand von Erfahrungen zu überprüfen und einzuordnen. Rationalität beinhaltet auch Intentionalität, die absichtlich aufmerksame Hinwendung zu einem Ziel oder zu einem Objekt. Das reflexive Subjekt Mensch handelt, da es sich intentional und rational verhält, aus seiner Sicht sinnvoll und vernünftig.

Die Potenz zur Rationalität hängt zusammen mit der Fähigkeit des Erkennens. Durch den Prozeß des Erkennens, in den Wahrnehmen, Erinnern, Vorstellen, Denken, Zurückführen, Beurteilen einfließen, erwirbt das Individuum bewußte Kenntnis und Wissen von seiner Umwelt und von sich selbst und kann diese Erkenntnis in seine allgemeinen Lebenszusammenhänge einordnen und verändern. Der Mensch ist ein *aktiv* Erkennender und ein erkenntnisgeleitetes Subjekt (Epistemologe).

Auf einen besonderen Aspekt der Sinnorientierung soll noch eingegangen werden: der Wunsch und das Streben nach Bedürfnisbefriedigung. Diese Handlung besteht aus dem Erleben eines Mangels, der Absicht und dem Willen, diesen unangenehmen Zustand zu beseitigen bzw. einen gewünschten, angenehmen Zustand zu erreichen und aus der Umsetzung entsprechender Tätigkeiten (Verhaltensweisen). Dabei geht es nicht nur um physische Bedürfnisse, wie Hunger und Durst, sondern ebenso um psychische Bedürfnisse, wie Sicherheit und das Bedürfnis nach positiver (angenehmer) Erfahrung und Beachtung bzw. der Vermeidung von Unangenehmem. Die Bedürfnisbefriedigung ist meist ein Zustand des subjektiven Wohlbefindens.

Menschliche Fähigkeit: Emotionalität

Der Einzigartigkeit des menschlichen Subjekts wird man aber nicht gerecht, wenn man dessen Handeln nur als eine Sache des Denkens sieht. Eine Konzentration allein auf die reflexive und rationale Potenz des Individuums stellt somit eine Reduktion des Menschen dar. Diese Kopflastigkeit, die Nichtbeachtung bzw. Vernachlässigung der Emotionalität des Menschen bedeutet, ihn als Person nur teilweise ernst zu nehmen. „Mithin unterscheidet sich der Mensch also nicht nur durch das Vorhandensein von Sprache und Kognition von tierischen Spezies, sondern auch durch eine entsprechend stärker entwickelte Emotionalität" (Scherer 1981, 312).

So kann weder ein behavioristisches noch ein rationalistisches Menschenbild menschliches Handeln adäquat beschreiben und erklären. Es hilft auch nicht weiter, wenn „viele Psychologen Emotion als bedauerliche Unvollkommenheit einer ansonsten perfekten kognitiven Maschine" (Scherer 1981, 312) sehen. Das menschliche Subjekt ist ein vernunftbegabtes wie emotionales Wesen. Es gibt „keine emotionsfreie Informationsverarbeitung" (Sembill 1992).

Unter Emotionen sollen hier Bestimmungsmerkmale wie Gefühle, Selbstbetroffenheit, Erleben von Lust und Unlust, Stimmungen, Erlebnisse wie Freude, Ärger, Angst, Mitleid verstanden werden. Sie beeinflussen die kognitiven Prozesse der Reflexivität und Rationalität und manifestieren sich in Erwartungen, Überzeugungen, Wertungen, Beurteilungen etc. des Menschen. So ist das Bild des Menschen als ein rein informationsverarbeitender Problemlöser ein Artefakt; „eine Analyse kognitiver Vorgänge ohne Berücksichtigung emotionaler Komponenten ist einfach wirklichkeitsfremd" (Ulich 1982, 75). Dieses bedeutet für Ulich (1982, 78), daß Emotionales nicht ignoriert bzw. nicht in „Kognitives" aufgelöst werden kann, ohne „daß Schaden für den gesamten Erkenntnisanspruch der Psychologie entsteht". Er kennzeichnet deshalb Emotionen als „subjektive Erfahrungstatsachen bzw. Bewußtseinsinhalte, die persönliche Betroffenheit und Engagement in unseren Beziehungen zur Welt ausdrücken" (S. 80). Es wären Bewußtseinsinhalte zu ergänzen, die auf den Menschen selbst bezogen sind.

Emotionale wie kognitive (reflexive und rationale) Prozesse durchbrechen den Reiz-Reaktions-Mechanismus. Erst die Entkoppelung ermöglicht menschliches Handeln (vgl. Scherer 1981). Was nun vorausgeht, die Kognition den Emotionen oder umgekehrt, oder ob überhaupt eines dem anderen vorausgeht, ist theoretisch sehr interessant, aber noch ohne ausreichende Antwort (Groeben & Scheele 1983). Es ist aber davon auszugehen, daß beide aufeinander bezogen sind (Scherer 1981, Laucken 1983, Dörner 1985). Emotionen sind daher im Gesamt der mentalen Prozesse, vom Menschen „als Ganzes", als Einheit zu rekonstruieren (Ulich 1982, Dörner 1985).

Menschliche Fähigkeiten: Verbalisierungs- und Kommunikationskompetenz

Der Mensch kann sprechen (verbalisieren): d. h., er vermag gleichbleibende Zeichen (Lautketten) zur Verständigung einzusetzen und kann damit seine Gedanken, seine Gefühle und seinen Willen zum Ausdruck bringen. Als sprachbegabtes Wesen kann er mit anderen in Kommunikation treten und sich über das Verstehen seiner sprachlich geäußerten Selbst- und Weltsicht verständigen (Aschenbach 1984). Sprache ist ein soziales Mittel der Verständigung. Der Ausdruck, die Darstellung bzw. die Rekonstruktion von internalen mentalen Prozessen (Informationen, Gedanken, Gefühlen, Absichten etc.) vollzieht sich in Worten (Begriffen), Sätzen und Satzsystemen. Diese Verbalisierung geschieht meist in spontan-natürlichen Sprachäußerungen. Beides bezieht sich aber sowohl auf *Äußeres*, Beobachtbares (Verhalten, Gegenstände etc.) als auch auf *Inneres*, verbal

Rekonstruierbares (Gedanken, Gefühle). Wird ein Sprachspiel einer Person in das einer anderen überführt, so können wir das als einen transformativen Verstehensprozeß bezeichnen. Dieses aber bedarf einer Absicherung, einer Vergewisserung des Richtig-Verstehens des verbalisierenden Subjekts. Nur das erkennende reflexive Subjekt selbst ist in der Lage, über die nur ihm (direkt) zugänglichen mentalen und emotionalen Prozesse Auskunft (Selbstaussagen) zu geben (Graumann 1984). Wenn nicht nur äußerlich beobachtbares Verhalten erfaßt werden soll, sondern sinnhaftes, intentionales Verhalten, also das Handeln des menschlichen Subjekts, ist es den Fähigkeiten des Menschen unangemessen, ihn als Stimulus-Response-Gegenstand, als datenabrufbares Objekt zu behandeln. Das reflexive Subjekt Mensch kann die Inhalte seiner mentalen Prozesse, wie Ziele, Abwägungen Entscheidungen, Stimmungen etc. verbalisieren; insbesondere dann, wenn es in einer für es sinnhaften, vertrauensvollen Weise dazu Gelegenheit bekommt. Demzufolge ist es wichtig, den erkennenden, reflexiven und verbalisierungsfähigen Subjekten ausreichende Möglichkeiten zu geben, ihre internalen mentalen Prozesse in ihrer Sprache selbst zu artikulieren und zu interpretieren (vgl. Harrè & Secord 1972, Schlee 1977, Graumann 1984).

Menschliche Fähigkeit: Handlungskompetenz

Der Mensch verhält sich nicht nur im Sinne eines Reagierens auf Umweltreize, sondern er verhält sich zu seiner Umwelt und zu sich selbst; und dieses Verhalten ist dabei meist auf einen Sinn, auf ein Ziel hin orientiert: er handelt also. Die potentielle Handlungsfähigkeit des menschlichen Subjekts impliziert die Rationalität, die Reflexivität, die Emotionalität einerseits sowie das produktiv realisierende Tätigsein andererseits. So ist der Mensch potentiell als ein aktiv gestaltendes, sich selbst steuerndes und kontrollierendes, sinnsuchendes und -schaffendes Wesen zu sehen und von seinen Möglichkeiten her nicht als ein Objekt, welches durch Triebe oder durch Umweltreize nur reagieren kann. Auch wenn sich ein Individuum wie eine Schachfigur geschoben oder wie eine Marionette gegängelt fühlt, potentiell ist es in der Lage, selbstbestimmt zu handeln (vgl. Laucken 1982, Wahl u. a. 1983, Herzog 1984, Kornadt 1985, Groeben u. a. 1988).

Diese aktive Konstruktivität beinhaltet auch die prinzipiell mögliche bzw. erreichbare Fähigkeit, Intentionen, Anliegen und Wünsche in konkretes Handeln umzusetzen. Diese Fähigkeit soll als Wollen (Volition) bezeichnet werden (Gollwitzer u. a. 1987). Die externen und internen Bedingungen der Realisierung bzw. Nichtrealisierung einer Handlungsabsicht sind, soweit dem Individuum bewußt, rekonstruierbar und damit verbalisierbar.

45

Der Mensch als reflexives Subjekt ist in seiner Entscheidung für bzw. gegen eine zielgerichtete Planung und eine produktiv realisierende Tätigkeit (aktive Konstruktivität) potentiell autonom. Er kann von seinen prinzipiellen Möglichkeiten her seine Entscheidungen selbständig, ohne andere Personen, aus eigener Vernunft und Kraft treffen. Bevormundung und die Einschränkung seiner Entscheidungsfreiheit stellen eine Leugnung bzw. Reduzierung seiner möglichen Fähigkeiten dar und rufen Mißtrauen und Täuschungen auf der Seite der Betroffenen hervor. Durch Gewährung und Schaffung von Situationen, in der eine nicht-bevormundende soziale Beziehung, z. B. durch Vertrauen und ein Sich-in-seinen-Fähigkeiten-ernst-genommen-Fühlen ermöglicht wird, ist ein kommunikatives, autonomes Handeln eines reflexiven Subjekts möglich. Gemeinsame (gleichberechtigte) Vereinbarungen über das *Umgehen* miteinander schränken die Autonomie der beteiligten Subjekte (prinzipiell) nicht ein, sondern sind eher als förderlich zu sehen. Prozesse wie Erkennen, Mitteilen, Erklären, Zuhören, Interpretieren und Verstehen, die die Selbst- und Weltsicht eines Menschen implizieren, können erst durch die Anerkennung der potentiellen Autonomie des Menschen angemessen zum Tragen und Nutzen kommen (Seel 1981, Kaiser & Seel 1981).

Damit kein falscher Eindruck entsteht, sei noch einmal betont, daß die beschriebenen Fähigkeiten des Menschen *potentielle* Fähigkeiten darstellen. Kein Mensch handelt immer bewußt und subjektiv vernünftig.

3.1.2. Wirklichkeitskonstruktion

Es wurde immer von der Welt- und Selbstsicht, den Gedanken und Empfindungen des Menschen gesprochen. Wie kommt aber das Subjekt zu seiner Welt- und Selbstsicht? Was für eine Wirklichkeit wird damit abgebildet? Jedes Individuum hat Zugang zur Welt und zu sich selbst allein durch seine Sinne und deren Qualität. Diese wiederum hängen zusammen mit den biochemischen und physikalischen Prozessen, insbesondere denen in den Nervenzellen des Individuums. Das letzte Produkt dieses Prozesses, die Welt- und Selbstsicht, ist ein Abbild der subjektiv wahrgenommenen und verarbeiteten Realität. Diese Wirklichkeit ist eine jeweils subjektiv konstruierte Realität. Jede Abbildung von Wirklichkeit ist die Konstruktion dessen, der diese Wirklichkeit erlebt. Es ist die Realität, die jeweils in unseren *Köpfen* besteht und sich ständig bildet. Ein Individuum kann nicht eine von ihm unabhängige, d. h. objektive Wirklichkeit bilden, es ist eine ganz bestimmte Realität, seine individuelle Welt- und Selbstsicht.

„Der Verhaltenstheoretiker unterliegt einer Illusion, wenn er meint, die Wirklichkeit objektiv (i. S. von unabhängig von sich selbst) erfassen zu können" von Foerster (zit. nach Rotthaus 1987, 21) bringt die grundlegende Argumentation dieses konstruktivistischen Denkmodells auf den Punkt, wenn er sagt: „Objektivität ist die Wahnvorstellung eines Subjekts, daß es beobachten könnte ohne sich selbst!" Auch „... die Naturwissenschaft beschreibt und erklärt die Natur nicht einfach so, wie sie „an sich" ist. Sie ist vielmehr Teil des Wechselspiels zwischen der Natur und uns selbst. Sie beschreibt die Natur, die unserer Fragestellung und unseren Methoden ausgesetzt ist" (Heisenberg, 1958/1984, 66).

Menschen handeln also nicht auf Grund der Informationen, die ihnen die soziale und situative Umwelt gibt, sondern auf Grund der internen Bilder, die sie sich von der Welt und sich selbst machen. Der Handelnde ist also der empirische Ort der Konstruktion von Wirklichkeit als auch von Sinnhaftigkeit seiner (subjektiv-individuellen) Handlungen. „Was wir erleben und erfahren, erkennen und wissen, ist notwendigerweise aus unseren eigenen Bausteinen gebaut und läßt sich auch nur auf Grund unserer Bauart erklären" (von Glasersfeld 1981, 35).

Aus dem bisher Dargestellten ist es nur folgerichtig zu postulieren, daß in unserer Welt- und Selbstsicht das Gesehene, Gehörte, Gespürte etc. nicht als solches besteht (Inhaltsaspekte), sondern ihm durch die Verarbeitung des Wahrgenommenen ein Sinn, eine Bedeutung, ein Wert zugeschrieben werden (Beziehungsaspekt). Auf Grund dieser uns eigenen Sichtweise (Konstruktion) von Wirklichkeit treffen wir Entscheidungen und kommen zu Handlungen (vgl. Watzlawick 1988). Dieses häufig handlungsleitende Selbst- und Weltbild entsteht nicht nur auf Grund eines aktuellen, beschreibbaren Ereignisses, sondern im Gesamtkontext von Aktualität, Sozialität und Historizität des Individuums. Die Innensicht stellt keine lineare Informationssammlung dar, sondern sie ist ein vernetzter Informationsprozeß. Sie befinden sich in Entwicklung und Weiterentwicklung, was nicht bedeutet, daß nicht auch Altes Bestand hat. Durch mündliche oder schriftliche Versprachlichung kann ein reflexives autonomes Subjekt seine Welt- und Selbstsicht direkt abbilden und rekonstruieren. Jedes Gesagte ist aber von *jemandem* gesagt, jede Handlung von jemandem getan und damit von subjekthafter Bedeutung (vgl. Stangl 1989). Mit diesem Kernsatz des konstruktivistischen Denkmodells wird in dem dargelegten Menschenbild ein wesentlicher Akzent gesetzt, der über die potentiellen Fähigkeitspostulate hinausgeht. Dabei ist anzumerken, daß der personenzentrierte Ansatz dieser Sichtweise recht nahe steht, wenn es heißt: „Jedoch ist die wahrgenommene Realität die für das Individuum eigentliche, die sein Verhalten beeinflußt" (Rogers 1959/1987, 48). Weinberger (1988, 90) sagt es noch deutlicher: „Nach Rogers gibt es demzufolge keine objektive Realität, sondern immer nur eine – gemäß der individuellen selektiven Wahrnehmung – subjektive Wirklichkeit, die durch das Selbstkonzept einer Person strukturiert wird."

3.1.3. Konzeption eines Handlungsmodells

Der zweite, nachgeordnete Rahmen der Beratungskonzeption (s. Kap. 2.4, Abb. 4) ist eine Handlungs- und Störungstheorie auf der Grundlage der explizierten Menschenbildannahmen und Wirklichkeitskonzeption.

Der Mensch ist ein überwiegend handelndes Wesen. Handlung ist durch folgende Merkmale gekennzeichnet:

– Handlung geht über den Begriff Verhalten hinaus, da sie die mentalen Prozesse einbezieht und sie in Verbindung zur Umwelt in Aktualität, Sozialbilität und Historizität setzt.

– Für die Erklärung von Handlung sind die internen mentalen Prozesse, die Welt- und Selbstsicht einer Person in Beziehung zum Verhalten und zur Umwelt ausschlaggebend.

– Handlung zeichnet sich dadurch aus, daß sie
  - bewußt,
  - zielgerichtet,
  - geplant bzw. planvoll,
  - absichtlich (willentlich),
  - interaktiv (Mensch-Umwelt-bezogen),
  - normen- und wertorientiert,
  - aus mehreren Möglichkeiten gewählt, abgewägt und entschieden
  - und damit subjektiv sinnvoll und mit Bedeutung versehen ist,
  - und daß der Handelnde (unter diesen Prämissen) mit den ihm als geeignet und sinnvoll erscheinenden Mitteln versucht, etwas zu verändern, zu erhalten oder eine Veränderung zu verhindern bzw. sie absichtlich zu unterlassen

(vgl. von Cranach u. a. 1980, Groeben 1981, Hofer 1981, Kaminski 1981, Laucken 1982, Kalbermatten 1984, Kraak 1988, Mutzeck 1988).

So gesehen ist davon auszugehen, daß das Verhalten von Menschen zu einem wesentlichen Teil auf Zielorientierung, Planung, Entscheidung und Sinnhaftigkeit beruht und damit eine Handlung darstellt. Die Zielorientiertheit und Sinnhaftigkeit von Handlungen kann ein Außenstehender, ein Beobachter aber nur erschließen, d. h. er interpretiert Beobachtetes. Der Handelnde selbst jedoch kann, soweit er sich der Inhalte seiner mentalen Prozesse bewußt ist, Auskunft über sie geben. Indem er sein Handeln in Verbindung setzt zu seinen Zielen, Plänen und Entscheidungen, interpretiert auch er, da er die Wirklichkeit nur so darstellen (konstruieren) kann, wie er sie selbst sieht und erlebt. Eine Interpretation geschieht also sowohl vom Außenstehenden, vom Beobachter als auch vom Handelnden selbst. Der entscheidende Unterschied ist aber: „Die Interpretation des Beobachters (hinsichtlich der Intentionen, Handlungsgründe etc.) kann nie unmittelbar in Richtung auf eine Handlungsentscheidung, -ausführung etc. wirksam werden; die Selbstinterpretation des Handelnden jedoch muß nicht, aber kann operativ wirksam werden." (Scheele & Groeben 1986, Groeben 1986, siehe auch Lenk 1978).

Die Handlung einer Person ist als ein *kontextgebundenes Geschehenssystem* zu sehen, wobei die jeweilige Person mehreren Systemen gleichzeitig angehört. Ein Schüler z. B. lebt in den Systemen Familie, Schule, Freundeskreis, Sportverein etc. Seine jeweiligen Handlungen sind an den jeweiligen Kontext gebunden, beziehen aber entsprechend seiner Wahrnehmung und Informationsverarbeitung andere Systeme mit ein. Ein Handlungsmodell auf der Grundlage des Menschen als reflexivem Subjekt in seinen systemischen Bezügen stellt somit keine geradlinige Ursache-Wirkungs-Beziehung dar, sondern eher einen zirkulären Rückkopplungsprozeß. Handlung ist ein wechselseitiges intra- und interaktives Geschehen (s. Abb. 7).

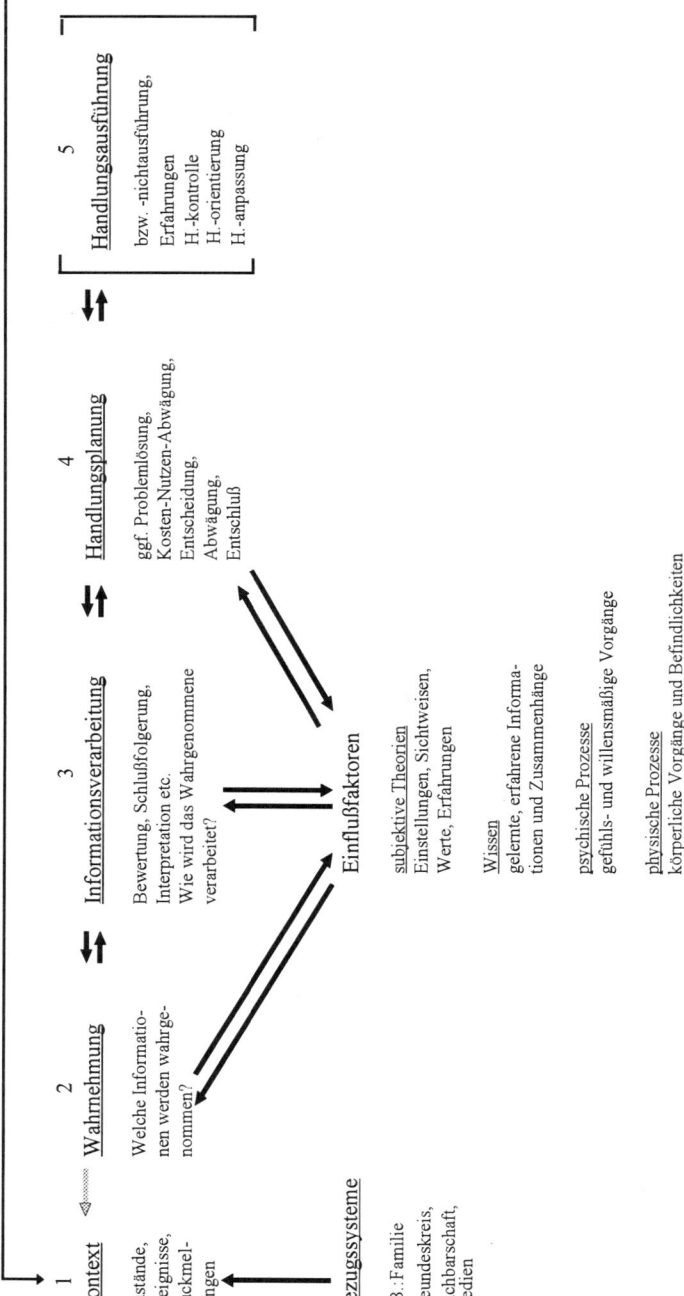

Abb. 7: Handlungsmodell

Nicht der Kontext an sich bestimmt die Handlung einer Person, sondern deren individuelle mentale Prozesse der Wahrnehmung, der Informationsverarbeitung, der Handlungsplanung und deren Einflußfaktoren in Bezug zum Kontext. Ein Individuum nimmt aus einem Kontext bestimmte Informationen wahr, andere nicht (Wahrnehmungsprozeß). Die wahrgenommenen Informationen verarbeitet es, indem es Bedeutungszuschreibungen, Schlußfolgerungen und Interpretationen vornimmt (Informationsverarbeitung). Dabei kann es auch zu erschlossenen Informationen kommen, die nur zu einem kleinen Teil auf beobachteten Informationen beruhen (z. B. auf Grund nonverbaler Körpersprache oder Kleidung). Diese Prozesse werden von unterschiedlichen Faktoren beeinflußt, genährt (s. Abb. 7). Diese Faktoren wiederum beruhen auf den Informationen der dargestellten Prozesse. Die inter- und intraaktiven Wahrnehmungs- und Informationsverarbeitungsprozesse führen dann zur subjektiv konstruierten Wirklichkeit, auf deren Grundlage eine Handlungsplanung und die Ausführung einer Handlung bzw. deren Unterlassung, Aufschiebung, Unterbrechung vorgenommen werden. Wird eine Handlung an einem anderen Ort geplant als am Handlungsausführungsort, kann es nach der Planung noch zu Veränderungen, Anpassungen und neuen Entscheidungen kommen, entsprechend den erneuten Bewertungen der Handlungssituation, z. B. den veränderten antizipierten Handlungsfolgen (Mutzeck 1988). Insbesondere können plötzliche starke Emotionen eine Handlungskonzeption völlig verändern (Mutzeck 1988, Dann 1989).

Ein sehr vereinfachtes *Beispiel* veranschaulicht dieses Handlungsmodell in Bezug auf Verhaltensstörungen: Gegen Ende einer Mathematikstunde sollen die Schüler die erklärten Aufgaben auf einem Arbeitsbogen üben. Die Lehrerin geht herum und schaut, wie die Schülerinnen und Schüler arbeiten. Gelegentlich macht sie sich dabei Notizen über die Leistungen der Schüler. Rainer (12 Jahre) denkt und empfindet: „Oh je, wenn die gleich kommt und sieht, daß ich die Aufgaben nicht kann, dann krieg ich 'nen Eintrag (Angstgefühl). Die Aufgaben kann mir Ulli heute Nachmittag zeigen, dann kann ich sie morgen. Jetzt muß ich nur sehen, wie ich sie ablenken kann, – am besten, ich geh' mal am Regal vorbei und laß ein paar Materialkisten herunterfallen. Dann muß ich sie wieder aufheben". Rainer steht auf, geht in Richtung Regal und sieht, wie Peter, sein Erzrivale, eine Kollektion von etwa 10 verschiedenen Kugelschreibern und ein besonders schönes Match-Box-Auto auf einem Tisch demonstrativ aufgebaut hat. Er denkt: „Günstige Gelegenheit, dem Angeber werd' ich's zeigen". Mit dem weiten Ärmel seines Pullovers reißt er mit einem solchen Schwung die Stifte und das Auto vom Tisch, daß diese weit in der Umgebung verstreut liegen. Großes

Geschrei von einigen Kindern. Die Lehrerin fährt Rainer an. Dieser unterbricht sie und sagt: „Tut mir leid, bin nur gestolpert. Ich heb' die Sachen ja wieder auf". Langsam hebt Rainer grinsend Stift für Stift auf. Dann klingelt es zur Pause.

Aspekte eines Beispiels für ein Bezugssystem:

Familie: Rainers Eltern sind beide berufstätig. Sie haben abends keine Lust mehr, ihm bei den Hausaufgaben zu helfen. Sie haben aber hohe Leistungsanforderungen an ihre beiden Kinder. Der Vater sagt öfter: „Blödsinn kann ein Junge ja machen, aber in seinen schulischen Leistungen muß er gut sein".

Aus Sicht der Handlungstheorie ist bei den meisten *normalen* wie *abweichenden* Verhaltensweisen davon auszugehen, daß die Person, die eine Handlung ausführt, sich etwas dabei gedacht hat oder sogar ganz gezielt und planvoll vorgeht. Ein von Gedanken und Empfindungen ausgehendes Verhalten wird als Handeln bezeichnet. Für das Zustandekommen einer Handlung ist zwar die soziale und gegenständliche Umwelt von Bedeutung. Letztlich entscheidend ist jedoch das, was die betreffende Person von der Umwelt und bei sich selbst wahrnimmt und wie sie das Wahrgenommene verarbeitet. M. a. W., das Handeln eines Menschen hängt von den Bildern ab, die er sich von seiner Umwelt und von sich selbst macht, also von seinen subjektiven Situationsinterpretationen, von seinen Vorstellungen, Motiven, Erwartungen, Abwägungsprozessen, Zielen und Entscheidungen. Der Einfluß von Umwelt, Kultur und Gesellschaft auf das Handeln wird damit von einer anderen Perspektive gesehen, nämlich von der Selbst- und Weltsicht des Individuums. Verhaltensstörungen sollten auch aus der Innensichtperspektive der Interaktionspartner betrachtet werden, d. h. aus der Sicht dessen, der eine Handlung als abweichend und störend erlebt, und aus der Sicht der Person, die diese Handlung überlegt und ausgeführt hat. Dabei ist zu fragen, welches Bild der jeweilige Interaktionspartner von seinem eigenen Handeln, vom Handeln des Anderen, von den situativen Bedingungen und von der Entstehungsgeschichte der Abweichung hat. Insbesondere geht es um die Normen, Regeln und Ziele, die die Interaktionspartner bei der Beurteilung und Planung einer Handlung anlegen. Dazu gehören Aspekte wie emotionale Befindlichkeit, Handlungs- oder Leidensdruck, die Funktionszuschreibung einer Handlung, Sicherung oder Gefährdung des Ansehens, Anstrengungs- und Toleranzbereitschaft und die erwarteten Handlungsfolgen. Diese Aspekte können sich ebenfalls auf die Handlungssteuerung auswirken. Eine Handlung ist somit nicht an sich abweichend und störend, sondern sie wird vor dem Hintergrund einer Bezugsinstanz, der individuellen oder kollektiven Sichtweise als abweichend und störend empfunden und beurteilt. Beratung als auch Maßnahmen zur Modifikation und Prävention von Verhaltensstörungen sollten die handlungsleitenden subjektiven Sichtweisen (Subjektiven Theorien) ebenso einbeziehen wie wissenschaftliche Erkenntnisse über den gesellschaftlichen, geschichtlichen, systemischen und ökologischen Kontext und Wirkungszusammenhang, in dem das Handeln von Individuen und Gruppen steht.

Eine als abweichend und störend erlebte Handlung ist aus unterschiedlichen Perspektiven zu betrachten:

1. aus der Sicht dessen, der eine *abweichende* Handlung zeigt,
2. aus der Sicht des Interaktionspartners dieser Handlung und
3. aus der Sicht der Person, die diese Handlung als abweichend und störend beurteilt (Person 2 und 3 können identisch sein).

Ferner sind auch der soziale und situative Kontext und ggf. die interagierenden Bezugssysteme zu erheben. So kann z. B. die Betrachtung gewalttätigen Handelns folgendermaßen veranschaulicht werden (s. Abb. 8):

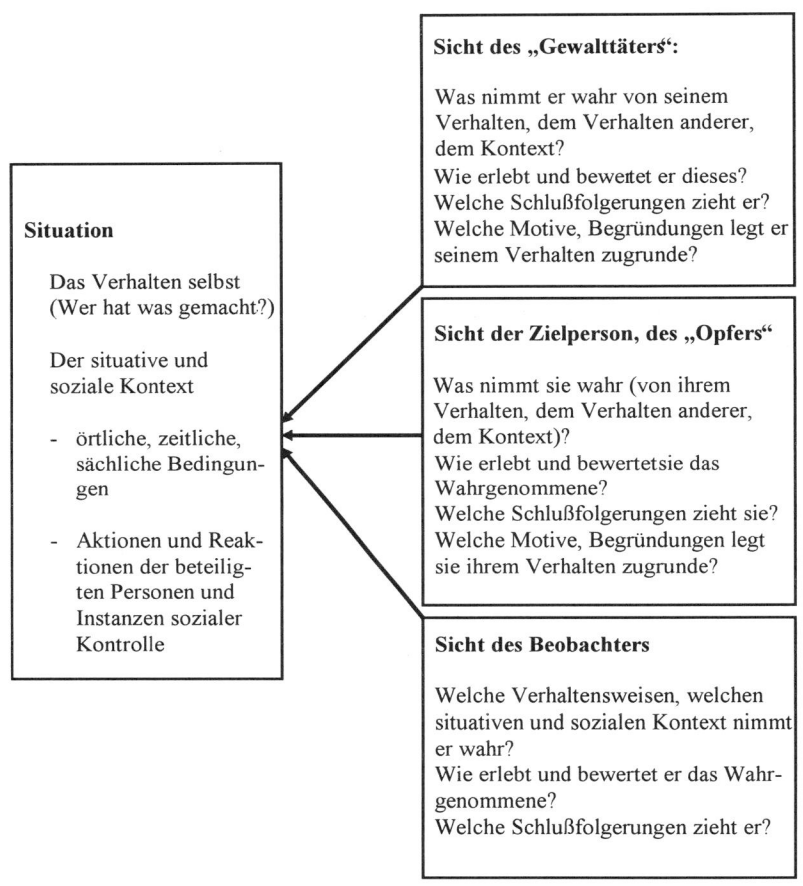

Sicht des „Gewalttäters":

Was nimmt er wahr von seinem
Verhalten, dem Verhalten anderer,
dem Kontext?
Wie erlebt und bewertet er dieses?
Welche Schlußfolgerungen zieht er?
Welche Motive, Begründungen legt er
seinem Verhalten zugrunde?

Sicht der Zielperson, des „Opfers"

Was nimmt sie wahr (von ihrem
Verhalten, dem Verhalten anderer,
dem Kontext)?
Wie erlebt und bewertetsie das
Wahrgenommene?
Welche Schlußfolgerungen zieht sie?
Welche Motive, Begründungen legt
sie ihrem Verhalten zugrunde?

Sicht des Beobachters

Welche Verhaltensweisen, welchen
situativen und sozialen Kontext nimmt
er wahr?
Wie erlebt und bewertet er das Wahrgenommene?
Welche Schlußfolgerungen zieht er?

Situation

Das Verhalten selbst
(Wer hat was gemacht?)

Der situative und
soziale Kontext

- örtliche, zeitliche,
  sächliche Bedingun-
  gen

- Aktionen und Reak-
  tionen der beteilig-
  ten Personen und
  Instanzen sozialer
  Kontrolle

Situationsübergreifende Aspekte

- Bezugssysteme des „Gewalttäters"
  (Lebensverhältnisse, Freundeskreis, Medienkonsum etc.)
- Biographische Aspekte
- Täterunabhängige Aspekte

Abb. 8: Aspekte gewalttätigen Handelns

Um einem Mißverständnis vorzubeugen, sei auch an dieser Stelle betont,
daß der Mensch sich nicht nur bewußt, überlegt und sinnorientiert verhält,

d. h. nur handelt. Viele seiner Verhaltensweisen geschehen unreflektiert (nicht bewußt, antriebs-unmittelbar, organismisch ausgelöst).

Dieses Gewohnheits-, Spontan-, Zwangs-, Affektverhalten etc. kann man aufteilen in:

– *Reflexe* (als angeborene oder erworbene Reiz-Reaktions-Verbindungen),
– *Automatismen und Routinen* (als erlernte, aber unreflektiert, automatisch ablaufende Reaktionen und Verhaltensweisen, welche meist aus einst reflektiertem Verhalten (Handlung) entstanden sind und sich dann zu weniger bewußten Prozessen (rück-)entwickelt haben).

Bei vielen dieser unreflektierten Verhaltensweisen ist es oft nicht eindeutig und zum Teil strittig, ob sie dem einen oder anderen Phänomen zuzuordnen sind. Auch ist der Übergang zur Handlung im Alltagsleben eher fließend; m. a. W. reflektiertes Verhalten (Handlung) versus unreflektiertes Verhalten (Reflex, Automatismen, Routinen) sind die beiden Endprodukte eines Kontinuums. Handlung in ihrer dargestellten Explikation und Konzeptualisierung ist als ein Interpretationskonstrukt auf der Basis eines unreduzierten Menschenbildes, als eine „Fokussierung des Menschenmöglichen" (Scheele 1984, 123), zu sehen.

3.2. Konsequenzen für eine diesem Menschenbild adäquate Beratung: Determinanten der Interaktion im Beratungsprozeß

Die Konsequenzen und methodischen Ableitungen aus dem dargelegten Menschenbild und der Handlungstheorie sind vielfältig. Einige Aspekte, die grundlegend für die Konzeption eines kooperativen Beratungsansatzes sind, sollen im Folgenden ausgeführt werden.

3.2.1. Symmetrie und Akzeptanz

Die aufgezeigten Menschenbildannahmen gelten prinzipiell für alle Menschen. So ist der Ratsuchende, zumindest von der Struktur der potentiellen Fähigkeit eines reflexiven Subjekts her, als ebenso kognitions-, emotions- und handlungsfähig anzusehen wie der Berater. Es gibt in diesem Menschenbild- und Handlungsmodell keine „Us- und Them- Modelle" (Herzog 1984), d. h. es gibt keinen strukturellen Widerspruch zwischen den potentiellen Fähigkeiten von *Uns*, den Beratern, Lehrern, Therapeuten etc. und *Denen*, den Ratsuchenden, den Eltern, Lehrern, Schülern etc. Diese prinzipielle *Strukturparallelität* von Fähigkeiten ist der eine Teil des potentiell symmetrischen Verhältnisses von Ratsuchenden und Beratern, welches nur dann Realität werden kann, wenn gegenseitiges Ernstnehmen und Achten (Akzeptanz) der Fähigkeiten, Handlungen und Aussagen des anderen Interaktionspartners angestrebt werden. Der Berater, als der (meist) in diesen Fähigkeiten geschultere und mit besonderen methodischen Beratungskonzepten ausgerüstete Partner, hat hier eine besondere Aufgabe und Verantwortung sowie eine Modellfunktion.

Der andere Aspekt der Symmetrie ist das *beiderseitige Expertentum*. Der Berater ist Fachmann für Beratung, der Ratsuchende ist Experte für seine Alltagspraxis. Nur er kennt Einzelheiten und Zusammenhänge seines Berufs- und Privatalltags so genau, nur er lebt in der Konstruktion seiner Wirklichkeit. Auch hier bedarf das prinzipiell mögliche symmetrische Verhältnis der gegenseitigen Akzeptanz des zwar andersartigen aber gleichwertigen und gleichgewichtigen Expertenwissens. Ferner wird ein symmetrisches Verhältnis außer durch die gegenseitige Akzeptanz des unterschiedlichen Wissens und Handelns auch durch einen Austausch jeweiligen Wissens bzw. bestimmter Kompetenzen erreicht. Ein so gearteter Dialog ist ein Geben und Nehmen. Er baut Ängste und Bevormundung, Widerstand und Abhängigkeit ab und unterstützt die Autonomie des Einzelnen. Das Beratungs*objekt* wird *als gleichwertiges Subjekt* gesehen, und in dieser Weise wird mit ihm und nicht an ihm gearbeitet. Ein solches Subjekt-Objekt-Verhältnis ist eine notwendige Voraussetzung für eine symmetrische, kooperative Beratung.

Es ist hoffentlich deutlich geworden, daß es hier nicht um Gleichmacherei von Individuen oder Verflachung von Kompetenzen geht, sondern um das Ausnutzen und Optimieren von potentiellen menschlichen Bedingungen für eine Beratung, in der sich jeder Partner akzeptiert und damit so weit wie möglich wohlfühlt; eine Grundbedingung für eine zufriedenstellende Beratung. In einer asymmetrischen Relation ist nur der Berater der Informierte und arbeitet als aktiv gestaltendes und reflexives Erkenntnissubjekt. Dem Ratsuchenden aber werden diese Fähigkeiten abgesprochen oder nur bedingt zugestanden, und er wird als nur reagierendes und Ratschläge entgegennehmendes Objekt behandelt. Überspitzt formuliert heißt das: „Ich kenne Ihr Problem und weiß, wie es zu lösen ist."

Bei einer nicht gegenstandsangemessenen, die menschlichen Fähigkeiten nicht wertschätzenden Zugangs- und Kommunikationsweise werden erhebliche Ressourcen einer optimalen Beratung außer acht gelassen.

Wenn es hingegen die Überzeugung des Beraters ist, den Ratsuchenden als reflexives erkenntnisfähiges Subjekt zu achten und zu fördern und der Berater es als bedeutsam ansieht, sich in dessen Welt- und Selbstsicht einzufühlen und diese so zu verstehen, wie der Ratsuchende sie verstanden haben möchte, und wenn die Handlungen des Beraters übereinstimmen mit diesen seinen Überzeugungen, dann werden Erkenntnis- und Kompetenzquellen erschlossen, die den Beratungsprozeß optimieren können. Damit ist eine weitere methodische Konsequenz angesprochen. Der Ratsuchende ist nicht als Objekt zu betrachten, dem rezeptartig Wege zur Lösung seines Problems bzw. zur Erreichung seines Handlungsziels verordnet werden müssen, sondern er soll in die Lage gebracht werden, seine eigenen Fähigkeiten zu aktivieren bzw. zu erweitern, um *handelnd an der Bewältigung des Problems mitzuwirken* bzw. dieses selbst in die Hand zu nehmen. Hilfe wird mit dem Ziel, sich selbst zu helfen, gegeben, d. h. handeln zu können, ohne ständig auf professionelle Helfer angewiesen zu sein.

Um Veränderungen im Handeln bewirken zu können, ist es notwendig, nicht nur den Menschen in seiner Außenperspektive, seinem beobachtbaren Verhalten, zu sehen. Besonders wichtig ist, auch dessen Innensicht, seine Gedanken und Gefühle kennenzulernen. Diese *Innensicht* hat eine handlungsleitende Funktion. Sie beinhaltet die subjektiven Wahrnehmungsweisen, Ursachenzuschreibungen, Sinngebungen, emotionalen Befindlichkeiten, Entscheidungskriterien, Ziel- und Wertvorstellungen, Planungsaspekte etc. (Subjektive Theorien). Diese nicht oder nur gering zu beachten – sowohl bei Analyse und Lösungsfindung eines Problems, als auch beim Planen und Vorbereiten der Umsetzung der Bewältigungsstrategie – bedeutet eine Verringerung bzw. eine Verhinderung erfolgreicher Veränderung.

3.2.2. Selbstexploration, dialogisches Verstehen und Dialog-Konsens

Bei dem hier zugrundegelegten Menschenbild des reflexiven Subjekts werden sowohl dem Berater (Erkenntnissubjekt) wie auch dem Ratsuchenden (Erkenntnisobjekt) Verbalisations- und Kommunikationsfähigkeit sowie die Fähigkeit der Reflexivität zugestanden. Entsprechend diesen konstitutiven Annahmen ist davon auszugehen, daß der Mensch

Auskunft über seine Selbst- und Weltsicht geben kann. Das heißt, mit Feger & Graumann (1983, 10) gesprochen: „daß der einzelne nicht nur seine Umwelt und Mitwelt, sondern auch sich selbst in den verschiedenen Modalitäten der Wahrnehmung, Erinnerung, Antizipation, des Empfindens und Fühlens, des Denkens und Urteilens erfährt (erlebt) und anderen darüber direkt oder indirekt Aussagen machen kann".

Im Wesentlichen sind es vier Voraussetzungen, die vom reflexiven, handlungsfähigen Subjekt bei dem kognitiv-sprachlichen Rückbezug auf seine Selbst- und Weltsicht gefordert werden:

- das Erleben mentaler Prozesse in Bezug auf eine konkrete Situation,
- sich an die Inhalte dieser Wahrnehmungs- und Verarbeitungsprozesse erinnern bzw. sie ins Kurzzeitgedächtnis zurückrufen und
- diese verbalisieren, d. h. darüber hinreichend differenzierende, verbale Aussagen machen zu können.
- Hinzu kommen die Bereitschaft und die Absicht (im Sinne einer autonomen Entscheidung), Auskunft über die eigene Welt- und Selbstsicht geben zu wollen.

Die Aufgabe eines dialogisch arbeitenden Beraters ist es, für das Erkenntnisobjekt bei seiner Selbstauskunft, d. h. seinen Rekonstruktions- und Verbalisationsprozessen, alle die fördernden und stützenden Bedingungen zu erkunden, zu stärken oder zu schaffen, die es als reflexives Subjekt zu einer optimalen Verwirklichung seiner potentiellen Fähigkeiten benötigt. Der Berater kann bei dieser mündlichen Erhebungsmethodik in einen Dialog treten und damit direkt auf das Erkenntnisobjekt eingehen. Er hat somit einen größeren Spielraum, die Fragen individuell zu formulieren, anzuordnen und auf die Aussagen durch Nachfragen einzugehen.

Die von Nisbett & Wilson (1977) empirisch gestützte These, daß der Mensch keinen Zugang zu seinen mentalen Prozessen hat und damit seine Selbstauskunft darüber für die Wissenschaft unbrauchbar ist, konnte durch viele Untersuchungen widerlegt werden (vgl. die Diskussion dazu in Scheele & Groeben 1988). Die Selbstauskunft hat allerdings ihre Grenzen bei Reflexverhalten und Automatismen oder Routinen, also bei Handlungen, die unter die Bewußtheitsschwelle („awareness") gesunken sind. Möglich ist sie bei Tätigkeiten, bei denen die mentalen Prozesse bewußt oder zumindest teilbewußt ablaufen, d. h. bei absichtlichem, überlegtem, geplantem Verhalten, also bei Handlungen. In diesem Bereich ist Selbstauskunft unter der Maßgabe zu erreichen, daß die Fähigkeit des menschlichen Subjekts, wie

Reflexivität, Rationalität, Selbsterkenntnis und Autonomie einbezogen und die Bedingungen zur Ausübung optimiert werden.

Da die Welt- und Selbstsicht eines Individuums implizit ist und meist nicht so differenziert, präzise und gegenwärtig wie objektive, wissenschaftliche Theorien, sollte der Berater möglichst viele Auskunftserleichterungen, Anregungen und Öffnungshilfen geben, so daß dem Ratsuchenden ein möglichst vollständiger (expliziter) Zugriff auf seine impliziten Wissensinhalte ermöglicht wird. Es handelt sich bei dieser Rekonstruktion der Welt- und Selbstsicht um eine symmetrische Kommunikation, allerdings mit den unterschiedlichen Rollen: Erkenntnissubjekt – Erkenntnisobjekt. Vom Erkenntnis*objekt* (Gesprächspartner, Ratsuchender) werden als Leistung ein Erkenntnisinteresse und die Bereitschaft zur Auskunft darüber erwartet, von Seiten des Beraters die des Verstehens der Selbstauskunft. Also nicht nur der Ratsuchende muß die Frage verstehen, sondern gerade der Berater sollte verstehen, was mit der Antwort gemeint ist. Die Verstehensleistung beinhaltet das bewußte Erfassen des Bedeutungsgehalts. Dazu gehört die Fähigkeit, sich in den Bedeutungszusammenhang der Erlebnis- und Erfahrungsinhalte des Erkenntnisobjekts hineinzuversetzen und den Sinn, den es seiner Mitteilung gegeben hat, zu erkennen und einzuordnen.

Um sicher zu gehen, daß die Mitteilung richtig, d. h. im Sinne des Senders (Erkenntnisobjekt) verstanden wurde, teilt der Empfänger (Erkenntnissubjekt) dem Ratsuchenden mit, wie er die Mitteilung (Antwort, Antwortenkomplex) verstanden hat. Bei Differenzen korrigiert oder erläutert der Gesprächspartner die Antwort, bis der Berater die Mitteilung im gemeinten Sinne verstanden hat.

Das Erreichen einer Übereinstimmung zwischen Erkenntnissubjekt und Erkenntnisobjekt stellt einen Dialog-Konsens dar. Damit wird ein hermeneutisches Wahrheitskriterium eingeführt: das dialogkonsenstheoretische Wahrheitskriterium (Groeben & Scheele 1977) bzw. die kommunikative Validierung (Klüver 1979, zit. nach Lechler 1982). Hiermit ist ein methodisches Verfahren gemeint, das, wie Laucken es schon 1974 forderte, sicherstellen soll, daß die Explikation der Welt- und Selbstsicht nicht über das Gemeinte hinausgeht. Sie darf nur bis zu der Rekonstruktionsebene vorangetrieben werden, „bis zu welcher der Alltagsmensch noch zustimmend folgen kann" (Laucken 1974, 57).

Gerade die Berücksichtigung des Sinngehalts bei der Rekonstruktion der Welt- und Selbstsicht des Ratsuchenden erfordert ein anderes Wahrheitskriterium als das der (intersubjektiven) Verhaltensbeobachtung. Das Verstehen der Innensicht des menschlichen Subjekts kann nicht ohne dessen Beteiligung, durch Dialog und Zustimmung, abgesichert werden. Dieses methodisch-systematische Grundkonzept ist dem Erhebungsgegenstand Welt- und Selbstsicht angemessen, und es entspricht dem Menschenbild, das der Kooperativen Beratung zugrundegelegt ist (vgl. Scheele, Groeben & Stössel 1991).

Genau genommen vollziehen sich mehrere Prozesse bei der Rekonstruktion der Welt- und Selbstsicht einer ratsuchenden Person. Sowohl der Erkennende (Ratsuchende, Gesprächspartner) als auch der Verstehende (Berater, Gesprächsleiter) vollziehen die Prozesse des Erkennens bzw. Verstehens im Dialog. Monologische Prozesse können im voraus ablaufen. So ergeben sich (idealtypisch) jeweils zwei Ebenen für den Erkenntnis- und für den Verstehensprozeß:

- monologische Erkenntnis: Der Gesprächspartner rekonstruiert allein, ohne die Fragen, Impulse etc. des Gesprächsleiters, seine Selbst- und Weltsicht

- dialogische Erkenntnis: Der Gesprächspartner rekonstruiert und verbalisiert im Dialog mit dem Gesprächsleiter, auch aufgrund von dessen Fragen, Impulse etc., seine Innensicht

- monologisches Verstehen: Der Berater kommt aufgrund seiner eigenen Sinngebung und Bedeutungsauslegung der Aussagen des Gesprächspartners zu seinem Verstehen der Inhalte

- dialogisches Verstehen: Der Berater kommt im Dialog durch die Sinngebung und Bedeutungsauslegung des Gesprächspartners zum Verstehen der Inhalte.

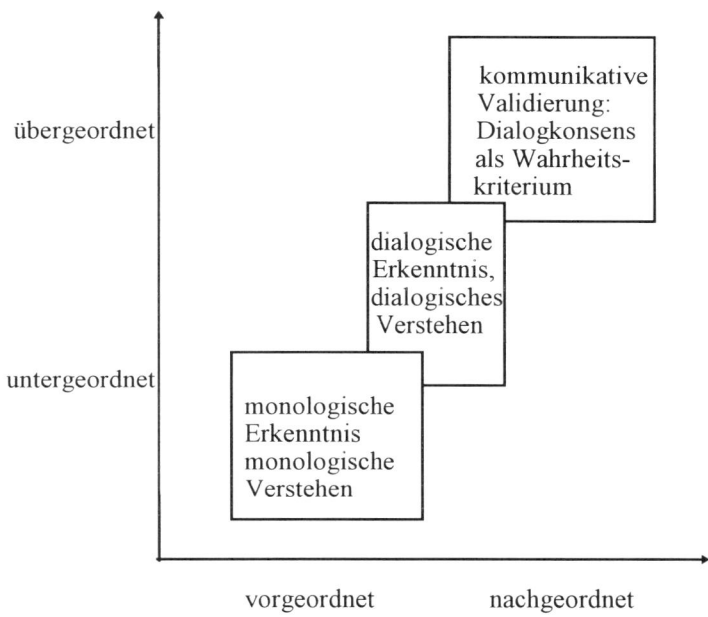

Abb. 9: Strukturmodell vom Erkenntnis- und Verstehensprozeß in einer dialogischen Rekonstruktion der Welt- und Selbstsicht eines Individuums (Mutzeck 1988, 86)

Die monologische Erkenntnis und das monologische Verstehen sind nicht zu eliminieren, da es sich um natürliche und spontan ablaufende Prozesse handelt. Sie sind bei der Rekonstruktion der Welt- und Selbstsicht eines Individuums der dialogischen Erkenntnis und dem dialogischen Verstehen vorgeordnet, von ihrer Bedeutung und Wichtigkeit her jedoch untergeordnet. Das Ziel und der Abschluß der dialogischen Rekonstruktion sind die Konsensbildung über die erhobene Selbst- und Weltsicht zur Sicherung (kommunikativen Validierung) des dialogisch gewonnenen Verstehens.

Eine besondere Bedeutung kommt der dialogischen Rekonstruktion der Innensicht des Handelnden, d. h. der Explikation der Bilder, die sich der Ratsuchende von der Welt und sich selbst macht, und einem verstehenden Beschreiben dieser Explikation durch den Berater zu. Durch diese Vorgehensweise wird die individuelle subjektive Wirklichkeit des Handelnden erfaßt und nicht die Wirklichkeit, die externe Beobachter von dessen Handeln konstruieren und damit prägen. Die Innensicht eines handelnden Menschen kann nur dann eine handlungsorientierte und -leitende Abbildung sein, wenn sie dessen Konstruktion von Wirklichkeit widerspiegelt. Und nur aus dieser Innensicht-Perspektive läßt sich Handeln subjektbezogen verstehend erklären.

3.2.3. Vertrauen

Ziel der Beratung ist, daß die Selbstauskünfte des Gesprächspartners wahrhaftig sind, d. h. er soll Auskünfte über sich geben, die er nicht bewußt verändert (verfälscht, verzerrt), sondern im Gespräch stets das sagt, was er getan, gedacht und gefühlt hat. Eine Vermeidung von Verfälschungen und Täuschungen bei Selbstauskünften ist aber nicht voraussetzungslos möglich (Werbik 1981, 1984, vgl. Ulich 1982). Dazu bedarf es eines *Vertrauensverhältnisses* zwischen Gesprächsleiter und Gesprächspartner. „Natürlich ist der Aufbau einer vertrauensvollen Arbeitsbeziehung eine entscheidende Grundlage für jede konstruktive therapeutische Arbeit, auch und gerade für die Bearbeitung problematischer Inhalte" (Sachse 1991, 166). Das ist kein einseitiger, sondern ein *wechselseitiger Prozeß*, der kognitive und emotionale Anteile beinhaltet. Das Konstrukt Vertrauen ist als Personen-, aber auch als Situationsvariable zu sehen (vgl. Rotter 1981, Brückerhoff 1982, Kebeck 1982, Petermann 1985). Als Basiselemente eines Vertrauensverhältnisses gelten Offenheit, Sicherheit und ein angenehmes (positives) Nähe-Distanz-Verhältnis. Grundsätzlich gilt das für beide, sowohl für den Berater als auch für den Ratsuchenden. Diese Basiselemente sollen nun näher dargestellt werden.

Gesprächsleiter und Gesprächspartner sollen sich keine Informationen in Bezug auf Inhalte und Vorgehen vorenthalten. Der Berater teilt die Ziele und Absichten des Gesprächs mit. Er versucht, wesentliche Elemente seines Menschenbildes und sein Vertrauen in die potentiellen Fähigkeiten des Menschen in einfachen Worten offenzulegen. Beide sollen ihre Bereitschaft, Fragen zu beantworten, Selbstauskünfte zu geben, bekunden. Das Gefühl von Sicherheit im Sinne von Sich-verlassen-können und Beständigsein drücken sich z. B. in der Offenlegung und im Konsens über den Gebrauch der erhobenen Informationen aus, so auch in der Schweigepflicht. Ein Abweichen von dieser Übereinkunft ohne einen erneuten offenen Dialog und ggf. eine veränderte Vereinbarung führen zu einem kaum wieder gutzumachenden Bruch des Vertrauens, zu einem Gefühl, getäuscht, mißbraucht zu sein.

Offenheit und Sicherheit können weiterhin gefördert werden, indem die Aufgaben und Rollenerwartungen der Gesprächsteilnehmer explizit umrissen und mitgeteilt werden. Auch der Ratsuchende sollte die Gelegenheit haben, seine Erwartungen an das Gespräch und an den Berater kund zu tun. Divergenzen müssen einvernehmlich ausgeräumt werden. Gemeinsam getroffene Entscheidungen und Vereinbarungen und abweichende, nicht in einen Konsens zu bringende Meinungen müssen respektiert und auch in tatsächliches Handeln überführt werden. Das kann bedeuten, daß ein Gespräch nicht zustande kommt bzw. abgebrochen wird. All das Gesagte beinhaltet, daß beide Gesprächsteilnehmer Verantwortung für das Gespräch tragen. Beide sind verantwortlich für die Wahrhaftigkeit ihrer Auskünfte, der Berater darüber hinaus für die stützenden Bedingungen und Hilfen und einen sorgfältigen Umgang mit den erhobenen Informationen.

Prinzipiell hat der Gesprächsleiter (Berater) aber eine besondere Verantwortung für sein Handeln, da er eine entscheidende Modellfunktion hat: „Die Wahrscheinlichkeit, daß, wenn ich jemandem Vertrauen entgegenbringe, er sich auch für eine verantwortungsvolle Haltung entscheidet, ist größer, als wenn ich ihm mit Mißtrauen begegne" (Kebeck 1982, 97). Rotter (1981, 23) kommt zu dem Schluß: „Vertrauensvolle Menschen wecken Vertrauen bei anderen, gehen positiv an Probleme heran und werden als verläßliche Partner geschätzt. Sie halten es für besser, ab und zu betrogen zu werden, als gar nicht erst zu vertrauen".

Die Frage von *Nähe und Distanz* in der Beziehung zwischen Gesprächsleiter und -partner ist nicht so ohne weiteres eindeutig zu beantworten. Auch wenn eine vertrauensvolle Haltung eher eine engere Beziehung nahelegt, so ist doch zu berücksichtigen, daß es sich bei dem Beratungsgespräch – auch wenn mehrere Treffen stattfinden – um eine relativ kurzzeitige und insgesamt nicht zentrale Beziehung zwischen Fremden handelt. Daher kann das Anstreben einer möglichst engen Beziehung auf Zurückhaltung oder Ablehnung stoßen, was dem Gefühl von Offenheit und Sicherheit entgegensteht. Die Position zwischen Distanz und Nähe ist in Abhängigkeit von Person und Situation individuell zu erspüren und zu entscheiden. Die Beziehung sollte so gestaltet sein, daß auch kritische Fragen möglich sind. So sind Nähe und Distanz eine weitere grundlegende Basis für Vertrauen.

Eine vertrauensvolle Beziehung mit den Basiselementen Offenheit und Sicherheit (Verläßlichkeit) wird eher in einer Situation entstehen können, die nicht behindert wird durch äußere Zwänge wie institutionelle oder persönliche Abhängigkeit oder negative Einflüsse durch räumliche oder zeitliche Bedingungen. Es sollte hingegen eine personelle, räumliche oder zeitliche Situation geschaffen werden, in der sich der Ratsuchende sagen kann: „Wenn ich diesem Berater Auskunft über mich gebe, ist das für mich eher förderlich. Es kann sich lohnen, da ich zu persönlichen Erkenntnissen kommen kann. Dafür nehme ich mir jetzt Zeit. Hier in dieser Umgebung kann ich frei und offen sprechen". Alle diese Elemente sind entscheidend für die notwendige „kooperative Verständigungsbereitschaft" (Werbik 1984, 645) und „kooperative Atmosphäre" (Bungard 1985, 59) eines Gesprächs mit einer symmetrischen Beziehung. Im Folgenden sollen die einzelnen Bedingungen und Handlungsweisen, die mit großer Wahrscheinlichkeit zu einer vertrauensvollen Beratungsatmosphäre führen, überblickartig präzisiert werden.

Grundsätzlich ist nochmals hervorzuheben, daß der Berater eine Modell-funktion hat. Er muß durch sein Handeln deutlich machen, wie eine ver-trauensvolle Kommunikation aussehen kann. Obwohl das Schaffen von Vertrauen ein aktiver, gegenseitiger Prozeß des Gebens und Nehmens ist, hat der Berater mit gutem Beispiel voranzugehen.
Die Anbahnung von Vertrauen kann in drei Phasen eingeteilt werden, die auch parallel zueinander verlaufen können:

– *1. Phase:*
  Herstellen einer vertrauensfördernden Kommunikation,
– *2. Phase:*
  Vorbeugen und Abbau von vertrauenshemmenden Bedingungen,
– *3. Phase:*
  Sichern einer vertrauensvollen Kommunikation.

Dabei sind jeweils umweltbezogene und personenbezogene Bedingungen herzustellen, zu sichern oder abzubauen. Diese sind situationsübergreifender und situationsbedingter Art.

1. Phase: Herstellen einer vertrauensfördernden Kommunikation

– Räumliche und zeitliche Bedingungen für ein ungestörtes ruhiges Arbeiten herstellen.

- Vorgehensweise, Ziele und Absichten des beraterischen Handelns in leicht verständlicher, eindeutiger und kurzer Form mitteilen und auf Fragen dazu eingehen. Durch diese Struktur sollen Durchschaubarkeit (Transparenz), Orientierung und aktive Mitarbeit erreicht werden.

- Vereinbarungen, Arbeitsvertrag über Ort, Zeit, Vorgehensweise, Verschwiegenheit etc. einvernehmlich treffen.

- Die Erwartungen und Befürchtungen des Ratsuchenden in Bezug auf die Beratung erkunden und auf sie eingehen.

- Die Bedeutung der Kenntnisse und der aktiven Mitarbeit des Ratsuchenden bei der Problembeschreibung und -lösung hervorheben. Das Vertrauen in seine Fähigkeiten zum Ausdruck bringen und mitteilen, daß mißlungene Handlungen oder Schwächen nicht zu einer Enttäuschung oder gar zu einem Vertrauensbruch führen.

- Selbstvertrauen und Sicherheit in die eigenen beraterischen Fähigkeiten und in die Beratungskonzeption zeigen und mitteilen, daß es trotzdem auch zu schwierigen Situationen kommen kann, z. B. zu mißlungenen Kommunikationen.

- Durch Gestik, Mimik, Körperhaltung und sprachliches Handeln die grundlegenden Sichtweisen des Beraters gegenüber dem Ratsuchenden zum Ausdruck bringen: Ratsuchender als reflexives und erkenntnisfähiges Subjekt (s. Kap. 3.1), welchem mit emotionaler Wärme, Wertschätzung, einfühlendem Verstehen und Echtheit im Handeln (s. Kap. 3) sowie Hilfsbereitschaft zu begegnen ist.

- Positive Rückmeldung bei ersten Schritten gelungener Kommunikation, bei Schwierigkeiten Hilfe zur Selbsthilfe geben.

- Beim Ratsuchenden das Gefühl erzeugen bzw. verstärken: „Du bist wer!" und „Du kannst was!".

2. Phase: Vorbeugen bzw. Abbau von vertrauenshemmenden Bedingungen

- Störenden Bedingungen vorbeugen durch gezielte Vorbereitung der jeweiligen Beratungssitzung.

- Vermeiden des Eindrucks, daß der Berater nur ausführendes Organ („Handlanger") der Schuladministration oder anderer Institutionen bzw. Interessengruppen ist.

- Abbau einer Rechtfertigungshaltung des Ratsuchenden durch Akzeptanz und einfühlendes Verstehen seines So- und nicht Anders-Seins, insbesondere, indem man Warum-Fragen vermeidet, die häufig eine Verteidigungshaltung provozieren.

- Keine Selbstbezogenheit des Beraters, indem er fortlaufend redet, sich selbst zum Thema macht oder nicht die Bedürfnisse des Ratsuchenden achtet.

- Kein Konkurrenzverhalten und nicht das Gefühl einer Über- bzw. Unterlegenheit aufkommen lassen.

- Überforderung vermeiden durch individuumsbezogene Passung von Anforderungen und Aufgaben.

- Widerstand oder einem „Sich zurückziehen" vorbeugen, indem der Berater z. B. nicht anordnet, nicht Überzeugungsarbeit leistet, nicht moralisiert, nicht „alles besser weiß" etc.

- Der Berater sollte nicht über Dritte (insbesondere negativ) sprechen, um nicht ein Gefühl des Mißbrauchs von Offenheit hervorzurufen.

- Vermeiden von Angst, fallengelassen zu werden, indem sich der Berater u. a. auch nach einer Sitzung noch um den Ratsuchenden kümmert, indem er „ein Stück des Weges" mit ihm geht (Nachbetreuung).

- Abbau von Orientierungslosigkeit und Unsicherheit des Ratsuchenden durch berechenbare, eindeutige Informationen, Verläufe und Handlungen, durch positive Rückmeldungen und durch die Mitteilung, daß seine Beiträge sinnvoll und bedeutsam sind.

- Vermeiden von verunsichernden Verhaltensweisen, wie mangelnder Blickkontakt, ständiges Auf-die-Uhr-Schauen, die Aufmerksamkeit nehmen, indem man z. B. in Akten blättert, Mitschriften etc. nicht vorher ankündigt oder vereinbart, andauernder oder abrupter Themenwechsel, „Herumflegeln" im Sessel.

– Vermeiden von Vertrauen entgegenwirkenden Verhaltensweisen, wie Zynismus, Geringschätzung, Bedrohlichkeit, Hilflosigkeit.

– Verschlossenheit abbauen durch Einfühlen und vorsichtiges Ansprechen von Gefühlen, Geben von passenden, nicht aufdringlichen eigenen Beispielen von Offenheit, positives Reagieren besonders auf erste Gefühlsäußerungen sowie ein geduldiges, aktives Zuhören und die Rückversicherung, welche (weiteren) hemmenden Faktoren abgebaut werden sollen (s. Kap. 5).

3. Phase: Sichern einer vertrauensvollen Kommunikation

– Erstes gewonnenes Vertrauen darf keiner zu großen Belastung ausgesetzt werden. Es ist wie eine Art Kredit, der nicht verspielt, mißbraucht oder einem (zu hohen) Risiko ausgesetzt werden sollte.

– Daher sind die in der ersten Phase genannten fördernden Faktoren beizubehalten und die in der zweiten Phase genannten hemmenden Faktoren auch weiterhin zu vermeiden.

– Durch einfühlsame tiefergehende bzw. kritische Fragen und Rückmeldungen kann das gewonnene Vertrauen Bewährungsproben ausgesetzt werden. Die Wirkung und die Bedeutung so gestalteter Kommunikation sollten rückgemeldet werden.

– Nach Gesprächsabschnitten immer wieder das dialogische Verstehen der verbalen und nonverbalen Mitteilungen und Auskünfte durch einen Dialog-Konsens (kommunikative Validierung, s. Kap. 3.2.2) absichern.

– Belastungen aushalten können, Unklarheiten und Divergenzen klären.

– Zuverlässigkeit, d. h. Einhalten von Absprachen, wie Verschwiegenheit, Termine, Vorgehensweisen, Aufgaben usw., Veränderungen vorher gemeinsam absprechen.

– Den Ratsuchenden vor anderen Personen ggf. in Schutz nehmen.

– Verantwortungsbewußtsein zeigen, ohne die Selbstverantwortung des Ratsuchenden zu mindern, sondern im Gegenteil diese zunehmend verstärken und ggf. erweitern. Dieses geschieht durch die wiederholte Mitteilung der Bedeutsamkeit und des Erfolgs der Mitarbeit des Ratsuchenden, das Sichtbarmachen des autonomen aktiven Handelns und der Selbstwirksamkeit des Ratsuchenden.

- Gewonnenes Selbstvertrauen und Selbstsicherheit des Ratsuchenden unterstützen und ihn zunehmend schwereren Bewährungsproben (Aufgaben) aussetzen; die Selbstzuschreibung der Problembewältigung fördern.

- Alltagstrott, Rückschlägen etc. durch mündliche, telefonische oder schriftliche Rückfragen, Erkundigungen, Reflexionshilfen, Ermutigungen etc. begegnen. Das Gefühl vermitteln, daß der Berater ein Stück des Lebens-, Berufswegs mit dem Ratsuchenden geht.

Die Konkretisierung und die Umsetzung dieser drei Phasen zur Vertrauensbildung sollten jedoch personen- und situationsbezogen geschehen. Es kann Vertrauen durch äußeres und inneres Wohlbefinden, Offenheit, Sicherheit, Durchschaubarkeit, Zuverlässigkeit, dialogisches Verstehen, Verantwortung und Selbständigkeit zunehmend aufgebaut werden. Vertrauen ist wohl der grundlegendste Faktor für eine erfolgreiche beraterische Kommunikation.

Mit den in diesem Kapitel gemachten Ausführungen sind die Grundlagen einer horizontalen, symmetrischen und nicht- bzw. wenig direktiven Beratung beschrieben worden (vgl. Kap. 2.3 Abb. 3). Weil diese Form von Beratung nur zum Erfolg führt, wenn die Gesprächspartner, der Ratsuchende und der Berater, zusammenarbeiten, wird diese Methode „Kooperative Beratung" genannt. Diese Kooperation ist nicht voraussetzungslos, sie muß, wie es der Schulalltag zeigt, erst hergestellt oder aktiviert werden. Wie Kooperationsbereitschaft entwickelt werden kann, wurde in diesem Kapitel vom Theoriekonzept und vom praktischen Ansatz her beschrieben. Die konkreten Strukturen und die notwendigen Handlungskompetenzen der Kooperativen Beratung werden im folgenden Abschnitt vorgestellt.

4. Struktur und methodisches Vorgehen der Kooperativen Beratung

Die Kooperative Beratung besteht aus den grundlegenden Elementen „Personenzentrierte Gesprächsführung" und „Kooperative Beratungsschritte zur Klärung und Lösung von Problemen".

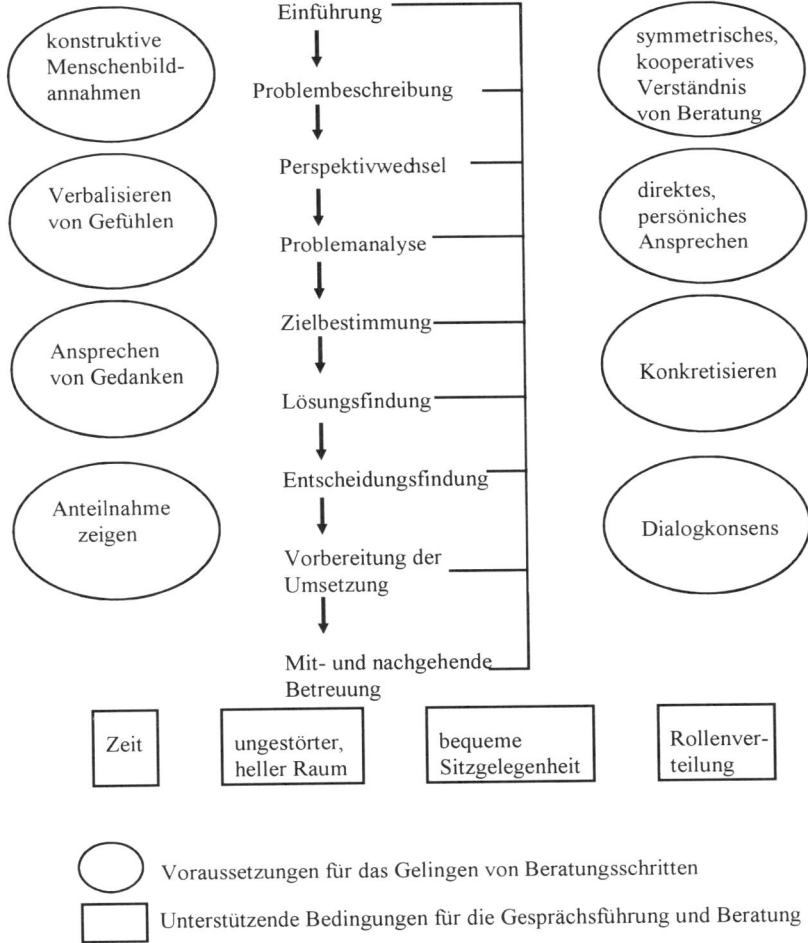

Abb. 10: Elemente der Kooperativen Beratung

4.1. Personenzentrierte Gesprächsführung

Vorbemerkung: Dieses Kapitel ist unter der Mitwirkung von Dipl.-Psych. Jürgen Schneeweiß entstanden. Er ist Schulberater und Gesprächspsychotherapeut.

Beratung wird meist im Zusammenhang mit zwischenmenschlichen Situationen in Anspruch genommen, die vom Klienten als unbefriedigend, anstrengend, beunruhigend, bedrohend, verwirrend oder in anderer Weise als unangenehm erlebt werden. Dieses wie immer geartete Erleben hängt eng mit dem Bild zusammen, zu dem die jeweilige Situation von dem beteiligten Subjekt verarbeitet wird. Situationsbild und -erleben wiederum bestimmen wesentlich sein weiteres Tun in dieser Situation.

Strebt der Ratsuchende eine Situationsveränderung an, die nicht durch eine Außeninstanz, sondern durch sein eigenes, selbstbestimmtes, gegenüber seinem bisherigen Tun verändertes Handeln erreicht wird, bedarf es dazu als Voraussetzung einer differenzierten Erfassung der (Handeln vermittelnden) Wahrnehmung, der damit assoziierten gleichfalls handlungsrelevanten Vorstellungen, Ideen und Gefühle.

Die damit angesprochene Exploration bisher verwirklichter Praxis und künftig möglicher Praxis auf emotionaler, kognitiver und Handlungsebene kann der Berater durch eine Gesprächsführung stützen und fördern, die sich aus folgenden *Beratungsaktivitäten* zusammensetzt:

– direktem, persönlichen Ansprechen
– Anteilnahme zeigen
– Verbalisieren von Gefühlen
– Ansprechen von Gedanken
– zum Konkretisieren veranlassen
– Vermeiden von Fehlern innerhalb der Gesprächsführung

Berateraktivität 1: **Direktes, persönliches Ansprechen**
Ziel des Beraters soll es sein, die ratsuchende Person direkt und persönlich anzusprechen, d. h. der Berater verwendet die direkte Rede (z. B. nicht „Wie geht's?" sondern „Wie geht es Ihnen?" oder „Wie geht es dir, Robert?"; „Was fällt Ihnen dazu ein, Frau Müller?"). Ferner sollte der Berater den Klienten ausdrücklich ansprechen, indem er Person, Situation und Sichtweise des Ratsuchenden betont anspricht (z. B. „Wie sehen Sie das für

Ihre Situation?"). Vermeiden sollte der Berater Verallgemeinerungen wie „wir" oder „man" (z. B. „Wir machen das schon"; „Man wird sehen").

*Berateraktivität 2: **Anteilnahme zeigen***
Diese wohl grundlegendste Aktivität des Beraters setzt sich zusammen aus drei Kompetenzen: „Anteilnehmendes Interesse zeigen", „Bedingungslose positive Zuwendung geben" und „Zeit geben".

Anteilnehmendes Interesse zeigen
Im Beratungsgespräch erleben Ratsuchende es häufig schon als hilfreich, daß da jemand ist, der sich für sie, für das, was sie gemacht und erlebt haben, interessiert. Wahrhaftiges Interesse des Beraters reicht häufig aus, den Klienten zur Selbstexploration zu stimulieren, ihn in der Ausarbeitung eines Situationsbildes vorankommen und bisher vernachlässigte Anteile aufgreifen zu lassen.

Interesse zeigen kann der Berater durch einfache Fragen und Nachfragen zum Bericht des anderen, aber auch schon durch eine ihm zugewandte Körperhaltung, ein ermutigendes Zunicken oder ein Verstandenhaben signalisierendes „Mhm". Als Interesse kann auch schon gewertet werden, den Bericht des Ratsuchenden nicht gleich durch Einbringen eigener mehr oder weniger ähnlicher Erfahrungen zu unterbrechen, auf solche Selbstdarstellung, zumindest für den Augenblick, zu verzichten.

Wenn einfaches Zurückhalten von Selbsterlebtem oder anderen Kommentaren durch den Berater vom Klienten schon als ein ihm persönlich bekundetes Interesse aufgefaßt wird, hängt das sicher mit der in dieser Hinsicht gewöhnlich so ganz anderen Alltagsrealität zusammen. Welcher Lehrer macht nicht immer wieder die Erfahrung: im Pausengespräch mit einem Kollegen, will er von einem Konflikt, den er gerade mit einem Schüler hatte, erzählen, wird aber, bevor er sein Erleben richtig loswerden kann, noch im Ansatz seiner Schilderung vom Gesprächspartner etwa mit den Worten „Das macht der bei mir auch immer, ich..." in die Position des Zuhörers abgedrängt.

Die Art des Zuhörens, mit der dem Ratsuchenden anteilnehmendes Interesse gezeigt werden kann, wird der Berater dann besser leisten können, wenn er selbst anderswo Gelegenheit zur Selbstdarstellung hat, die Befriedigung dieses universellen Bedürfnisses für sich an anderer Stelle sicherstellen kann.

Bedingungslose positive Zuwendung geben
Diese von Rogers (1957, 1973) für hilfreiche Beziehungen als notwendig eingeschätzte Bedingung wird im deutschen Sprachraum auch als *unbedingte Wertschätzung* gekennzeichnet. Sie gilt als erfüllt, wenn die Anteilnahme des Beraters „von Beurteilungen oder Bewertungen der Gedanken, Gefühle oder Verhaltensweisen des Klienten frei bleibt" (Rogers 1983, 481).

Bedingungslose positive Zuwendung wirkt der häufig zu beobachtenden Tendenz in der Selbstdarstellung (und damit auch in der Selbstwahrnehmung) entgegen, sich an dem Wert des Gegenüber zu orientieren.

Sie wird zunächst einmal in all den Verhaltensweisen sichtbar, die Interessen für den anderen bekunden. Hinzu kommt, daß der Berater versucht, dieses Interesse allen für den Klienten persönlich bedeutsamen Inhalten in gleichem Maße entgegenzubringen und seine Mitteilungen eben nicht zu bewerten oder in Frage zu stellen. Dieses Infragestellen unterläuft Menschen, wenn auch unversehens, durch Einleitung eigener Sprachäußerungen, mit *(wenn) aber, obwohl* oder durch Einschieben von Worten wie *doch, trotzdem, eigentlich, denn* oder *wirklich.* Statt einfach zu sagen „Was stört Dich daran?", wird dann gefragt „Was stört Dich *eigentlich* daran?"; „Aber was stört Dich *denn* daran?" oder „Stört Dich das *wirklich?*" Auch wenn es dem Berater fernliegt, können solche Formulierungsweisen beim Klienten den Eindruck erwecken, er werde vom Berater nicht ganz ernstgenommen, oder gar, der Berater stelle sich gegen ihn. Auf jeden Fall zeigen solche Äußerungen das Vorhandensein einer zu großen Distanz zwischen Berater und Klienten.

Bedingungslose positive Zuwendung wird immer nur annähernd verwirklicht werden können. Dem Versuch, nicht zu bewerten, kann eine Grenze gezogen sein durch die eigene Scham oder Angst, wenn sie als Gefühle auf Seiten des Beraters bei der Konfrontation mit der Lebenswirklichkeit des Klienten geweckt werden.

Zeit geben
Dem Ratsuchenden das Gefühl zu vermitteln, sich Zeit nehmen zu dürfen für die Bearbeitung von Erlebtem, für die Suche nach Orientierung und den Entwurf von Handlungsalternativen. Zeit geben ist von der Aufgabe des Beraters, Interesse und Zuwendung zu zeigen, nicht abzutrennen.

Bei manchen Klienten reicht es aus, sie bei Eröffnung des Gesprächs darauf hinzuweisen, daß sie hier die Gelegenheit haben, sich für die Betrachtung und Reflexion ihrer eigenen Person Zeit zu nehmen. Von vielen Klienten wird das als wohltuend empfunden und angenommen. Für andere ist es aber auch ungewohnt, und man muß ihnen erst einmal und wiederholt versichern, daß sie genügend Zeit haben werden. Zeit geben schließt auch ein (und das wird von Teilnehmern an Beratungskursen meist als schwer, wenn nicht als unvermeidbar mit dem Bild „guten" Beraterverhaltens gesehen), den Klienten in seinem Gesprächsfluß zu unterbrechen, wenn er ohne Halt von einem Punkt zum nächsten springt, etwa mit der Bitte: „Bevor Du fortfährst, kannst Du diese Idee noch etwas erläutern", zum Verweilen einzuladen.

Zum Zeit geben gehört auch, Gesprächspausen zuzulassen. In solchen Pausen laufen ja häufig wichtige innere Prozesse ab, sei es, daß der Klient die letzte Berateräußerung auf sich wirken läßt und so ein zuvor immer übergangenes Gefühl zu spüren beginnt, sei es, daß er für bisher Ungedachtes nach Worten sucht. Es liegt auf der Hand, daß so genutzte Stille zu durchbrechen, den Klienten in seiner Selbstwahrnehmung und Kreativität stören kann. Erst dann, wenn der Berater unsicher wird, ob der Klient die Gesprächspause noch braucht oder nutzt, sollte er ihn auf die Hilfe für weitere Klärung hinweisen. Die Hilfe kann darin liegen, dem Klienten selbst mitzuteilen, was in ihm während der Pause ablief, dem Berater dabei aber auch die Freiheit lassen, dieses für sich zu behalten.

Als Berater kann ich dem Ratsuchenden den Freiraum, bei einer Wahrnehmung oder Vorstellung verweilen zu dürfen, auch damit geben, daß ich mir als Berater selbst merkbar Zeit nehme oder verschaffe. Das kann ich tun, indem ich etwa schnell sprechende Klienten um Redepausen bitte, in denen ich Anschluß an zuvor Gesagtes finden kann, oder auch damit, daß ich mir für die Vorbereitung und Formulierung meiner Äußerungen Zeit nehme, oder erbitte, mich nicht unter Druck zu setzen, schnell produzieren zu müssen.

Sieht man einmal von vorgegebenen Zeitgrenzen ab, wird es dem Berater dann schwerfallen, Zeit zu geben und Gesprächspausen zu tolerieren, wenn er sich unwohl fühlt angesichts der damit immer verbundenen Ungewißheit, was die ratsuchende Person alles präsentieren wird, wenn ihm nur ausreichend Zeit eingeräumt wird.

Berateraktivität 3: **Verbalisieren von Gefühlen**

Auffallendes Unterscheidungsmerkmal zwischen Alltagsunterhaltung und Beratungsgespräch ist die ausdrückliche Aufnahme der Gefühlsaspekte von erlebten oder vorgestellten, auch künftigen Situationen. Die darauf abhebende Berateraktivität zielt auf die emotionalen Anteile der Erlebnisse des Klienten. Dazu gehört, das Fühlen des Ratsuchenden in allen seinen Nuancen vom inneren Bezugsrahmen des Klienten her wahrzunehmen und ihm das so Wahrgenommene verständlich wiederzugeben (vgl. Tausch & Tausch 1990, 31 ff.). Indem der Berater die Gefühle des Klienten aufgreift, teilt er ihm mit, daß er diese Gefühle haben, sie spüren darf. So angenommen zu werden, erleichtert es der ratsuchenden Person, sich mit diesen Gefühlen auch selbst anzunehmen, sich diesen Gefühlen weiter zuzuwenden, um sie differenzierter als bisher wahrnehmen zu können.

Die differenzierte Erfassung der emotionalen Aspekte der in der Beratungssitzung behandelten Situationen ist schon aufgrund der Wichtigkeit von Gefühlen für das Verständnis vergangenen Tuns und der Gestaltung künftigen Tuns notwendig. Auf diesen Stellenwert, den Gefühle im Handlungskontext einnehmen, wurde wiederholt hingewiesen. Unabhängig davon rechtfertigt sich das Verbalisieren emotionaler Erlebnisinhalte aber auch allein schon aus der häufig festzustellenden emotionalen Geladenheit der vom Klienten eingebrachten Ereignisse, deren so unterstützte Äußerung einen kathartischen Effekt haben kann.

Bei der Realisierung dieser Aktivität sollte der Berater nicht nur auf die expliziten Mitteilungen des Klienten eingehen, sondern auch die nur vage (oder nicht-verbal) angedeuteten Gefühle des Klienten verbalisieren (vgl. Rogers 1962, 419), gleichzeitig aber vermeiden, „Gefühle aufzudecken, deren sich der andere überhaupt nicht bewußt ist, weil das zu bedrohlich wäre" (Rogers 1983, 477).

Die Gefühle des Klienten genau zu verstehen und wiederzugeben, gleichzeitig aber auch auf die Grenze zu achten, über die hinauszugehen zur Bedrohung für den Klienten werden kann, fordert sehr viel Übung darin, Hinweise auf Empfindungen des Klienten, die dieser auf unterschiedlichen Kommunikationskanälen gibt, zu registrieren (vgl. Minsel 1974, 44). Darüber hinaus scheint Offenheit gegenüber solchen Empfindungen beim Berater selbst Voraussetzung für deren Wahrnehmung beim Klienten zu sein (vgl. Barrett-Lennard 1962, 3 f.). Diese Empfindungen vom Bezugspunkt des Klienten aus zu verstehen, setzt wiederum voraus, den eigenen Standpunkt vorübergehend aufgeben zu können, ohne sich bedroht zu fühlen. Das so Nachempfundene exakt und differenziert zu verbalisieren, wird schließlich besser dem Berater gelingen, der über ein flexibles und umfangreiches Sprachvermögen verfügt.

*Berateraktivität 4: **Ansprechen von Gedanken***
Auch wenn die Gedanken und Gefühle einer Person als ein ganzheitlicher Prozeß zu sehen sind, so ist es zur Beschreibung einer Handlung und zur Klärung eines Problems hilfreich, die kognitiven Abläufe, die vor, während oder nach einer Handlung sich beim Ratsuchenden vollziehen werden, anzusprechen. Durch direkte oder indirekte Fragen veranlaßt der Berater den Klienten dazu, seine Gedanken, Vorstellungen ggf. auch Phantasien zu verbalisieren (z. B. „Was geht Ihnen gerade durch den Kopf"; „Frau Garde, wenn Sie sich vorstellen, aus dem Alltag auszubrechen, was fällt Ihnen dazu ein?"). Hilfreich für die Rekonstruktion von Gedanken ist es, wenn der Berater einen Bezug zu der betreffenden Situation herstellt (z. B. „Jochen, als Du den Klassenraum der 5a gestern zur Religionsstunde betreten hast, was hast Du da gedacht?").

*Berateraktivität 5: **Zum Konkretisieren veranlassen***
Diese Kompetenz des Beraters beinhaltet mehrere Handlungsmöglichkeiten: „strukturieren helfen", „auf Konkretisierung drängen", „zur Genauigkeitsprüfung der Beschreibung anregen" und „Klientenselbstbeobachtung und Beraterbeobachtung gegenüberstellen".

Strukturieren helfen
Als Konsequenz individuell unterschiedlich verlaufender Lerngeschichten und augenblicklicher individueller Bedürfnislage, beides die Wahrnehmung mitbestimmende Bedingungen, ist Situationserfassung und -beschreibung immer persönlich geprägt. Was dabei aufgegriffen, was vernachlässigt, was ausführlich und was nur beiläufig angesprochen wird, handhaben an ein und derselben Situation Beteiligte meist unterschiedlich. Ganz analog dazu wird der Entwurf von Alternativen für künftiges Handeln in ähnlichen Situationen sehr persönlich geprägt sein. Auch Zukunftsentwürfe sind abhängig von der persönlichen Vergangenheit und zudem noch von gegenwärtig vertretenen Werten und Prinzipien. Von daher geht es im Beratungsgespräch auch keineswegs darum, irgendeine objektive Wahrheit aufzudecken oder die objektiv richtige Lösung zu finden, sondern nur darum, den Klienten dabei zu unterstützen, sein Bild der Situation herzustellen und für *ihn* gültige und mit *seiner* Person harmonierende Handlungsmöglichkeiten zu erarbeiten.

Mit dieser dem Berater hier nahegelegten Einstellung verträgt sich durchaus, durch Fragen oder kurze Fragenkataloge Strukturen vorzugeben, die eine detaillierte Situationswahrnehmung und die Erarbeitung einer konkret vorstellbaren Handlungsalternative erleichtern können. Auf diese Weise läßt sich der Gebrauchswert von Situationsbild und Handlungsentwurf erhöhen.

Ein einfacher Fragenkatalog, der dem Ratsuchenden dabei helfen kann, eine von ihm angesprochene Situation in eine überschaubare Struktur zu bringen, könnte etwa folgende Fassung haben:

– Wo spielt die Situation?

– Wer war an der Situation beteiligt?

– Wie haben sich die Beteiligten (einschließlich mir selbst) verhalten?

– Was habe ich in der Situation gefühlt und gedacht (diese Frage schließt ein: Wie habe ich die sprachlichen und nichtsprachlichen Äußerungen der anderen Beteiligten ausgelegt?)?

– Welche Anteile der Situation bringe ich mit meinem eigenen Verhalten in dieser Situation in Verbindung (in anderen Worten: Was sehe ich als Wirkung meines Verhaltens an)?

– Welche Anteile der Situation haben bei mir welche Gefühle oder Ideen ausgelöst?

In der Herstellung eines Situationsbildes brauchen sich Klienten und Berater nicht unbedingt an die hier angeführte Reihenfolge und Formulierung zu halten. Wie detailliert im Rahmen einer Situationswiedergabe zu den einzelnen Fragen Stellung genommen wird, das variiert in Abhängigkeit von der Person des Klienten und dem Agieren und Geschick des Beraters. Es empfiehlt sich aber, im Verlauf der Situationsbeschreibung darauf zu achten, daß die Antworten auf einzelne Fragen nicht vermischt werden. Damit kann leichter ausgemacht werden, wo in dem Situationsbild der Klient „weiße Flecken" gelassen hat (gelegentlich entdecken Klienten selbst auf diese Weise „blinde Flecken" bei sich).

Andere Fragen, die strukturieren zu helfen geeignet sind, können aus dem Kapitel 4.4, das sich mit den einzelnen Phasen des Beratungsprozesses beschäftigt, ersehen bzw. abgeleitet werden.

Mit dem durch solche Fragen unterstützten Zergliedern und Ordnen kann der Klient zu den damit strukturierten Situationen Distanz gewinnen. Auf diese Weise wird besonders zuvor bedrohlichen oder angstauslösenden Situationen etwas von ihrer verunsichernden Wirkung genommen und dann eine auf Veränderung abzielende Bearbeitung eher möglich.

Auf Konkretisierung drängen
Mit Situationen verändert umzugehen, und darauf zielt ja Beratung ab, besteht häufig in nicht mehr als in der Veränderung eines in der bisherigen Situationswahrnehmung kaum oder gar nicht bemerkten Situationselements oder -aspekts. Für die Erfassung einer Situation und für die Erarbeitung einer neuen Umgangsweise mit ihr heißt das, es sollte so viel so konkret wie möglich einbezogen bzw. geplant und vorbereitet werden. Als Berater kann ich der ratsuchenden Person zu einem hohen Konkretisierungsniveau verhelfen, indem ich ihn dazu bewege,

– technische oder Fachausdrücke (z. B. lernbehindert, Projektion, depressiv), Fremd-, Trend- oder Modeworte (Beziehungskiste, Schiene), insbesondere, wenn sie für psychische oder zwischenmenschliche Phänomene verwandt werden, durch andere zu ersetzen oder, meist besser, in Sätze aufzulösen,

– beim Gebrauch von Demonstrativpronomen („*Das* vertrage ich nicht."), das, worauf hingewiesen wird, ausdrücklich zu benennen, wenn nicht ganz deutlich ist, was gemeint ist,

– Sätze zu ergänzen (eine dazu stimulierende Beratereußerung wäre: „Fällt es Ihnen schwer, sich dazu aufzuraffen?"),

– Negativbeschreibungen („Ich kriege ihn nicht dazu, das Werkzeug an seinen Platz zurückzubringen.") in Positivbeschreibungen zu transformieren (mögliche Beratereußerungen, die das verfolgen: „Wie hast Du das bisher versucht?" oder „Wie sieht Dein ‚Hinkriegen' aus?").

Bei den auf Konkretisierung abzielenden Beraterinterventionen geht es also darum, die nicht augenblicklich herrschende Situation aus der Sicht des Klienten so detailliert und plastisch wie möglich nachzeichnen zu lassen, und zwar in ihren psychischen wie auch verhaltensmäßig beobachtbaren Anteilen. Da, wo es um Zielsituationen bzw. um dafür angestrebte Handlungsalternativen geht, sollten diese auf ebenso konkreter Ebene geplant und vorbereitet werden.

Zur Genauigkeitsprüfung der Beschreibung anregen
Zwischen Wirklichkeit und ihrer Abbildung in Sprache besteht eine ständige, wenn auch nicht notwendige, vom Subjekt erlebte Spannung in dem Sinne, daß die Wirklichkeit wahrscheinlich häufig nur annähernd im Bild getroffen ist, der Grad der Annäherung auch nie exakt bestimmt werden kann. Trotz oder gerade wegen dieses problematischen Verhältnisses zwischen Sprache und Wirklichkeit ist es im Beratungsgespräch notwendig, den Klienten das von ihm Gesagte, Geschilderte mit von ihm Gesehenem und Erlebtem vergleichen zu lassen, ihn ggf. zu ermuntern, eine treffendere sprachliche Abbildung zu versuchen.

Solche, einen Vergleich anregende Beraterinterventionen, denen natürlich auch andere Funktionen zukommen können, sind:

– *Spiegeln* (ein Wort, einen Satzteil oder einen Satz des Ratsuchenden wiederholen),

– *Paraphrasieren* (der Berater gibt das Verstandene in eigenen Worten wieder (vgl. Bachmair u. a. 1989, 28 f. und 52 ff.),

– *Resümieren* (der Berater faßt den Bericht des Klienten zusammen. Gegenüber der Paraphrase, die in der Regel eine kürzere Äußerung darstellt, gibt das Resümee eher einen Aussagenkomplex des Klientenberichts wieder),

– *Strukturieren* (den Aussagekomplex des Ratsuchenden zusammenfassen und dabei eine Struktur geben, die eine Gliederung, Zusammenhänge betont. Da hiermit eine Wertung vorgenommen wird, ist die Rückmeldung (s. Dialog-Konsens) des Klienten einzuholen).

Vom Berater wird bei diesen Interventionen darauf zu achten sein, daß dieses Anregen zum Vergleichen und Überprüfen nicht als Mißtrauen oder Zwang, sondern als Gelegenheit aufgefaßt wird, die Situationsbeschreibung genauer und sicherer zu machen.

Klientenselbstbeobachtung und Beraterbeobachtung gegenüberstellen
Im Beratungsgespräch werden in der Regel Situationen behandelt, die zum Leben des Klienten gehören, wie es sich außerhalb der Beziehung zum Klienten abspielt. Es passiert aber nicht selten, daß der Klient eigene Verhaltensweisen, die er als Teil der Situation schildert, auch im Kontakt mit dem Berater zeigt. An dieser Stelle bietet sich dem Berater die Gelegenheit,

das vom Klienten beschriebene eigene Verhalten sozusagen live mitzusehen, ihm die eigene (Berater-)Beobachtung mitzuteilen. Mit dieser Variation des Konfrontierens (s. dazu Tausch & Tausch 1990, 107) wird dem Klienten die Möglichkeit eröffnet, die Selbstbeobachtung mit der des Beraters zu vergleichen, diesen Vergleich als Ausgangspunkt für eine Überprüfung der eigenen Sicht zu nehmen und die Beschreibung der Situation, zumindest was den Eigenanteil angeht, je nach Ausfallen der Überprüfung zu modifizieren.

Auch wenn damit dem Klienten die Möglichkeit gegeben wird, über Vergleichen die eigene Beschreibung von Situationen schärfer zu fassen, ist vom Berater mit dem Einbringen solcher Beobachtungen zurückhaltend und vorsichtig umzugehen. Klienten fühlen sich dadurch leicht verunsichert. Das gilt insbesondere dann, wenn sie mit dem Berater und seiner Arbeitsweise noch nicht so vertraut sind.

Wenn der Berater eigene Beobachtungen zum Verhalten des Klienten in das Gespräch mit ihm einbringt, sollte er es in Verbindung mit der Instruktion tun, zu vergleichen, zu überprüfen und das Ergebnis dieser Überprüfung so, wie es aus der Sicht des Klienten ausfällt, festzustellen. Dabei sollte der Berater immer darauf achten, wie der Klient Rückmeldungen dieser Art aufnimmt, ihn, wenn nötig, auch danach fragen, und es in jedem Falle unterlassen, dem Klienten die eigene Sicht aufzudrängen.

*Berateraktivität 6: **Vermeiden von Fehlern innerhalb der Gesprächsführung***

Damit der Berater den durch seine vorgenannten Aktivitäten positiven Gesprächsverlauf nicht gefährdet, sollte er darauf achten, daß er den Beratungsprozeß störende Verhaltensweisen vermeidet. Hierzu gehört vor allem: „von der Ursachensuche zurückhalten", „Lösungsversuche zurückstellen lassen" und „Bewertungen und Moralisierungen vermeiden".

Von Ursachensuche zurückhalten

Die im vorangehenden Abschnitt angesprochene Fehlbarkeit der Wiedergabe von Wirklichkeit und Situationsbild in Sprache gilt auch dort, und vielleicht noch stärker dort, wo einzelne Situationsteile zueinander oder zu außerhalb der Situation liegenden Umständen in kausale Beziehung gesetzt werden (Beispiel: „Ich kann nicht lernen, *weil* ich blockiert bin."). Vielfach wird der als ursächlich bezeichnete Anteil auch in die Vergangenheit verlegt („Ich bin blockiert, *weil* ich *früher* bestraft wurde, wenn ich Fehler machte."), wobei sich die Ratsuchenden meist nur noch vage daran erinnern können. Auch bei nur unsicherer Verfügbarkeit dessen, was als ursächlich für etwa jetziges Leistungsversagen oder Fehlverhalten angesehen wird, halten Menschen gern an eigenen (einmal festgelegten) Kausalzusammenhängen fest. Diese werden auch zur Rechtfertigung eingesetzt: durch Verweis auf außerhalb meines Einflußbereichs liegende Ursachen enthebe ich mich der Verantwortung für eigenes Tun.

Die Suche nach Ursachen wird auch von der verbreiteten Auffassung gefördert, für die Veränderung von als auffällig oder gestört eingeordneten Erlebens- und Verhaltensweisen sei die Kenntnis und Beseitigung der Ursachen solcher Dysfunktionen unbedingte Voraussetzung. Dagegen hat die in verschiedenen Richtungen der Psychologie eingenommene Position, Ursache-Wirkungs-Beziehungen seien für die Darstellung psychischen oder zwischenmenschlichen Geschehens unangemessen, insbesondere außerhalb von Fachkreisen, vergleichsweise wenig Anhänger gefunden.

Ohne hier zu dieser grundsätzlichen Frage Stellung nehmen zu wollen, halten wir es aus rein pragmatischer Sicht für wichtig, dann, wenn es um Situationsbeschreibung geht, den Klienten davon abzuhalten, nach Ursachen für eigenes Tun oder gar für das anderer zu suchen. Damit läuft er nur Gefahr, sich zu kurz bei der Beschreibung dessen aufzuhalten, was er bei sich und anderen beobachtet hat und sich in Mutmaßungen über die Hintergründe zu verlieren. Wir stellen immer wieder fest, daß Klienten in Beratungsgesprächen, wenn man nicht einschreitet, zur Ursachensuche übergehen, bevor sie das, wofür sie Ursachen suchen, auch nur annähernd beschrieben haben.

Die Aufgabe, den Klienten bei der Situationsdarstellung von der Suche nach Ursache-Wirkungs-Zusammenhängen zurückzuhalten, kann der Berater erfüllen, indem er:

− den Ratsuchenden ausdrücklich instruiert, die Suche nach Ursachen zu unterlassen, zumindest zu verschieben,

− ihn anweist, von ihm eingeführte Begriffe, die eine kausale Beziehung implizieren, in Sätze aufzulösen (Die Aussage: „Ich bin depressiv" beinhaltet oft den Verweis auf eine in der Psyche oder gar im Organismus angesiedelte Bedingung, die als Ursache für erlebte Symptome eingesetzt wird.),

− sich selbst als Berater in seinem Sprachgebrauch diszipliniert: Vermeiden von kausale Beziehungen implizierenden Sprachkonstruktionen, wie

Sätze, die *weil, deshalb, warum* usw. beinhalten. Stattdessen sollte man sprachliche Konstruktionen verwenden, die sich auf das Nebeneinanderstellen von Situationsteilen oder auf funktionale oder finale Beziehungen beschränken (zum Ausdruck gebracht durch *und* bzw. *um zu* oder *wozu*).

Lösungsversuche zurückstellen lassen
Ein Weg, sich von der Erarbeitung von Situationen abzulenken, ist es, sich nach Erklärungen umzusehen, Motivforschung zu betreiben. Ein anderer Weg ist, möglichst schnell Ideen dazu zu produzieren, wie man es anders machen könnte. In Alltagsgesprächen, wie sie etwa zwischen Eltern und Kindern oder unter Lehrerkollegen ablaufen, Gesprächen, in denen einer der Gesprächspartner ein mißlungenes Tun oder Vorhaben, einen unbefriedigenden Zustand oder eine ungeklärte Beziehung anspricht (Beispieläußerung: „Ich halte dessen ständiges Kritisieren kaum noch aus."), ist der nicht unmittelbar Betroffene häufig schnell mit Trost, Ratschlägen oder eigenen Erfahrungen bei der Hand (Beispielantworten: „Mit mir geht der auch immer so um", „Du mußt das nicht persönlich nehmen" oder „Versuch doch mal, das als Hilfestellung zu sehen"). Diese Vorschläge sind meist gut gemeint, bringen den anderen aber selten darin weiter, sich ein klareres Bild davon zu verschaffen, was ihn bewegt.

Im Beratungsgespräch ist darauf zu achten, daß der Klient nicht zur Lösungssuche übergeht, bevor er ein klares Bild davon hat, für das er eine Alternative oder Lösung anstrebt. So wie ich mich selbst als Berater und den Klienten davor zurückhalten sollte, nach Erklärungen für ein Geschehen zu suchen, sollte ich mich und meinen Gesprächspartner auch bremsen, wenn vor Fertigstellung des Situationsbildes die Frage nach Auswegsmöglichkeiten oder Lösungen auftaucht. In diesem Sinne kann ich als Berater wirken, indem ich:

– in der Einleitungsphase des Gesprächs den Klienten ausdrücklich instruiere, mit der Lösungssuche erst dann einzusetzen, wenn die Phasen des Beratungsgesprächs, die Vorarbeit dafür sind, abgeschlossen sind,

– den Klienten, wenn er zu früh zur Lösungssuche übergeht, unterbreche und darauf aufmerksam mache, und durch Wiederaufgreifen des vor diesem *Abschweifen* angesprochenen Situationsanteils zur weiteren Beschreibung zurückführe.

Bewertungen und Moralisierungen vermeiden
Hierunter fallen eine Reihe von Aktivitäten, die im Alltagsgespräch (leider) üblich sind und die das aufzubauende oder bereits aufgebaute Vertrauensverhältnis erheblich stören:

- *Bagatellisieren* („Das ist nicht so schlimm", „Andere lassen den Kopf deshalb auch nicht hängen")

- *Kategorisieren* („Das sind Minderwertigkeitskomplexe")

- *Belehren* („Sie sollten sich daran gewöhnen, daß ...")

- *Bewerten* („Das hätten Sie lieber nicht tun sollen!")

- *Moralisieren* („Sie sind doch eine erwachsene Frau, das haben Sie doch schon hinter sich!")

4.2. Grundhaltungen des Beraters

Wir haben in diesem Kapitel eine Möglichkeit gezeigt, wie Gesprächsführung als ein Komplex einzelner Berateraktivitäten gesehen werden kann. Dem Leser wird aufgefallen sein, daß es sich dabei weitgehend um Vorgehensweisen handelt, die viele Menschen, die in den Lehr- und helfenden Berufen arbeiten, verwirklichen, ohne sie in einschlägigen Trainings erworben zu haben. Gesprächsführungstraining besteht denn auch gar nicht so sehr in der Ausbildung vollkommen neuer, zuvor von Trainingsteilnehmern nie praktizierter Beratungsaktivitäten, als vielmehr in der Übung ihres kontrollierten, d. h. ihres bewußt gewollten und geplanten Einsatzes.

Der Einsatz der hier abgehandelten Elemente der Gesprächsführung kann als Ausdruck von drei Grundhaltungen verstanden werden:

- *Akzeptanz,*
- *Empathie,*
- *Echtheit.*

Es sind zahlreiche Untersuchungen durchgeführt worden, deren Ergebnisse Beleg dafür sind, daß das Ausmaß, in dem der Berater diese Haltung lebt, die Wirkung seiner Beratertätigkeit sehr stark mitbestimmt (vgl. Rogers

1983, Tausch & Tausch 1990). Ich will diese Grundhaltungen zum Abschluß dieses Kapitels kurz darstellen.

Akzeptanz
Akzeptanz schließt das Offensein gegenüber Gefühlen, Gedanken, Vorstellungen und Phantasien und das Annehmen derselben ein. Diese, anderen gegenüber verwirklichte Akzeptanz wird nur dem gelingen, der auch eigenen inneren Vorgängen gegenüber offen ist und diese annimmt. Der Zusammenhang zwischen Akzeptanz eines anderen Menschen und Selbstakzeptanz wurde durch klinische Erfahrungen und empirische Untersuchungen immer wieder bestätigt. Ganz entsprechend ist es für die Selbstakzeptanz wiederum bedeutsam, von anderen angenommen zu werden.

Empathie
Empathie meint die Fähigkeit, sich in andere einzufühlen, ohne zu urteilen. Dieses nicht urteilende Sich-Einfühlen setzt neben dem persönlichen Erlebthaben von Empfindungen auch die Fähigkeit zur Perspektivenübernahme (role taking) voraus. Ohne diese Fähigkeit, seinen eigenen Standpunkt vorübergehend aufzugeben und den des Anderen einzunehmen, ist es nicht möglich, die Welt des Anderen aus dessen Sicht wahrzunehmen und ihn von daher einfühlsam zu verstehen.

Echtheit
Unter Echtheit ist zu verstehen, daß die augenblicklich in mir ablaufenden Vorgänge für mich faßbar sind, ich bereit bin, mich „in Worten und Verhalten zu den verschiedenen in mir vorhandenen Gefühlen und Einstellungen zu bekennen und sie auszudrücken", und daß ich diese Vorgänge mitteilen kann (Rogers 1973, 47 und Rogers 1962, 417 ff.). „Wir meinen damit, daß die Gefühle, die den Therapeuten bestimmen, ihm zur Verfügung stehen, daß er sie bewußt werden lassen kann, daß er fähig ist, sie zu leben, und zwar in der Beziehung, und daß er fähig ist, sie mitzuteilen, wenn das angezeigt ist." (Rogers 1973, zitiert nach Biermann-Ratjen u. a. 1986, 29). Positive Veränderungen können nur erreicht werden, wenn Offenheit und Vertrauen gegenüber dem Klienten gezeigt werden.

Das Erleben und Kommunizieren von Akzeptanz, Empathie und Echtheit sind wesentlich für die hier vorgestellte Art der Gesprächsführung. Diese Grundhaltungen sind nicht in gleicher Weise einübbar wie Verwirklichung und der kontrollierte Einsatz der im vorangehenden Abschnitt besprochenen Elemente der Gesprächsführung (Berateraktivitäten). Wer sie nicht als natürliche Kompetenz in genügendem Maße besitzt, wird, so er dieses nicht schon gespürt hat, in der Supervision seiner Beratungstätigkeit darauf stoßen oder gestoßen werden. Nur durch Arbeit an sich selbst kann er dahin gelangen, bei sich diese Grundhaltungen stärker auszuprägen.

Abschließend sei auf Literatur zu Grundhaltungen und Berateraktivitäten einer personenzentrierten Gesprächsführung hingewiesen: Tausch & Tausch 1990, Minsel 1974, Biermann-Ratjen u. a. 1986, 4. Aufl.; Bommert 1977; Weinberger 1988, 3. Aufl.; Bachmair u. a. 1989, 4. Aufl.; Mischke 1989, Egan 1990, Pallasch 1990.

4.3. Problemlösung als Struktur im Beratungsprozeß

Im Folgenden soll das Gerüst einer Problemlösestrategie als eine weitere Grundlage für Beratung dargestellt werden.

Nicht zuletzt durch wachsende Widerstände gegen Fremdbehandlung, insbesondere behavioristisch ausgerichtete Beratungs- und Therapieverfahren, wurden seit Beginn der 70er Jahre Problemlösekonzeptionen auf denkpsychologischen Grundlagen entwickelt (z. B. Newell & Simon 1972, Dörner 1976). Zunehmend wurde dabei das Ziel verfolgt, die Behandlungskompetenz von Klienten durch eine partnerschaftliche und kooperative Problemlösestrategie zu erhöhen (z. B. Fiedler 1981, Kämmerer 1983, 1987).

Die meisten Problemlösestrategien basieren auf folgendem Grundmuster (vgl. Neber 1987):

1. *Ist-Zustand* (zu verändernde, gegenwärtige Ausgangssituation)
2. *Soll-Zustand* (angestrebte Situation, Ziel-Endzustand)
3. *Lösungsweg* (Handlungen, mit denen die Ist-Soll-Diskrepanz überwunden wird).

Oft sind es nur andere Formulierungen für diese grundlegenden Problemlöseschritte, und selten gibt es wirkliche Erweiterungen.

Durch langjährige Erfahrungen bei der Durchführung von Lehrertrainings zur Prävention und Intervention bei Verhaltensstörungen (Mutzeck 1983, 1984b, 1987b) und aufgrund einer Untersuchung zum Transfer von Fortbildungsinhalten in den Berufsalltag (Mutzeck 1988) komme ich zu fol-

genden Schritten einer subjektbezogenen und transferorientierten Problemlösekonzeption (Mutzeck 1989b, 1990):

– *Beschreibung des Problems und Rekonstruktion der Innensicht*
Was war geschehen? Was dachte und empfand ich dabei? Wie erlebe ich
das Problem jetzt?

– *Perspektivenwechsel*
Wie mag der Interaktionspartner die Situation gesehen haben?

– *Analyse des Problems und Benennen der Unzufriedenheit*
Was macht mich unzufrieden? Was will ich verändern?

– *Ableiten und Entwickeln einer Zielsetzung und sich bewußt dazu
entscheiden*
Wie soll der Zustand aussehen, den ich erreichen will?

– *Sammeln und Erarbeiten von zielannähernden Handlungswegen,
Lösungen, Alternativen*
Welche Wege könnten zum Ziel führen?

– *Autonome Entscheidung für einen der möglichen Handlungswege*
Für welchen der aufgezeigten Wege entscheide ich mich?

– *Planung und Vorbereitung der Umsetzung meines Weges in den
Berufsalltag*
Wie sehen die Schritte aus, die zu meinem Ziel führen? Was und wer
könnte mir helfen, diese Schritte in meinem Berufsalltag zu verwirklichen?

– *Versuch der Durchführung der Handlungsabsicht mit praxisbegleitender
Reflexion*

– *Beschreibung, Analyse und Bewertung des Versuchs, den Handlungsweg
umzusetzen*
Wie ist die Umsetzung bzw. Nichtumsetzung meines Vorhabens verlaufen? Was wirkte förderlich, hilfreich bzw. störend oder gar verhin-
dernd?

Die schematische Darstellung einer „Transferorientierten Problemlösekonzeption" (TPK, vgl. Abb. 11) ist linearer Art. In der Praxis jedoch zeigt

sich, wie diese Problemlösestruktur in ihren Schritten durch Rück-
kopplungen und Wiederholungen (gestrichelte Linien) oft miteinander verknüpft ist und somit kreisförmig oder verzweigt verläuft. Die nähere Beschreibung und beratungsspezifische Anwendung dieses Problemlöse-
modells wird im folgenden Kapitel vorgenommen.

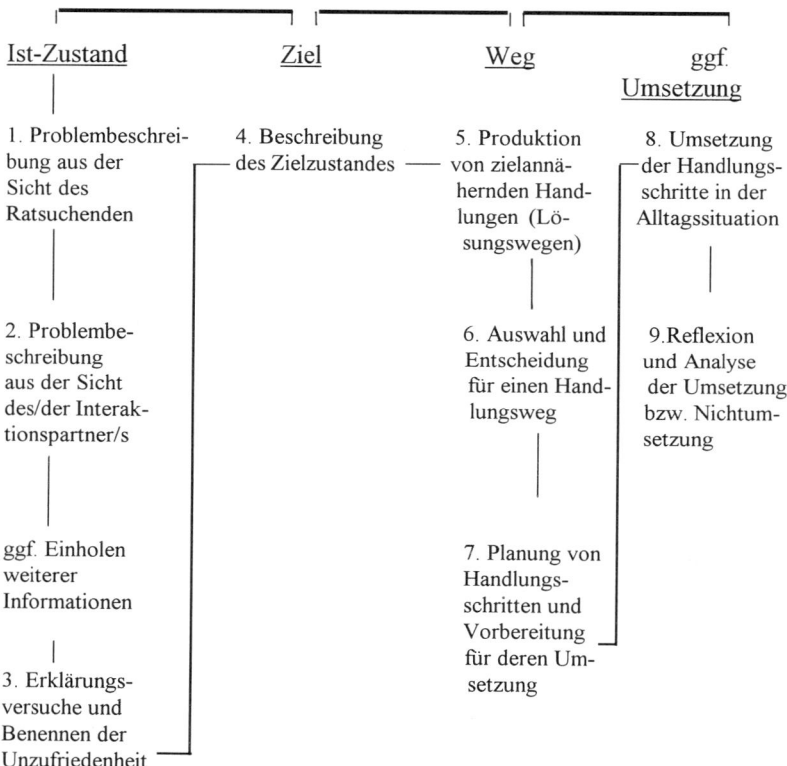

Abb. 11: Schematische Darstellung der Transferorientierten
Problemlösekonzeption (TPK)

4.4. Schritte des methodischen Vorgehens bei der Kooperativen Beratung

Auf der Grundlage der vorangegangenen Menschenbilds- und Beziehungskonzeption einerseits und der Problemlösekonzeption andererseits gilt es nun, Ziele und Vorgehensweisen einer Kooperativen Beratung zu entwerfen. Dabei geht es sowohl um die Spezifizierung und Konkretisierung der metatheoretischen Bestimmungsstücke als auch um Vorschläge für Handlungsweisen. Wenn in den folgenden Ausführungen vor allem die Handlungsweisen des Beraters benannt werden, so ist doch stets auch die Arbeit des Ratsuchenden im Blickfeld, da beide in einem wechselseitigen Verhältnis stehen. Sie bilden ein zusammen- und ineinanderwirkendes System, eine Ganzheit. Das heißt: Auf der interaktiven und systemischen Ebene wirken das Handeln des Beraters und des Ratsuchenden ineinander, auch wenn sie gegensätzliche Ziele und Vorgehensweisen verfolgen. Sie konstruieren jeweils eigene Bilder von sich selbst und ihrer Umwelt (potentielle Handlungsgrundlagen) und sind doch (kreisförmig) miteinander verbunden.

Die Kooperation von Berater und Ratsuchendem kann als ein bewußter Prozeß in die Beratung hinein getragen werden. Dies geschieht vor allem auf der Seite des Beraters durch Ziele, Struktur und Handlungen im Sinne von: durchschaubar miteinander eine (zeitlich begrenzte) Beziehung gestalten mit dem Ziel, gemeinsam das Problem des Ratsuchenden zu klären und Lösungsmöglichkeiten zu erarbeiten. So gestalten Berater wie Ratsuchender den Beratungsprozeß als verantwortungsbewußte, konstruktive Subjekte.

Kooperation zeigt sich im gegenseitigen Geben und Nehmen auf verschiedenen Ebenen. Der Ratsuchende erfährt eine Hilfestellung des Beraters, dieser erhält eine direkte oder indirekte Bezahlung für seine Dienstleistung. Darüber hinaus findet aber ein für den Beratungsprozeß wesentlicher Austauschvorgang statt: die gegenseitige Achtung und Wahrnehmung, Wertschätzung und Kompetenzzuschreibung sowie die wechselseitige Transparenz durch einen um Wahrheit bemühten Informationsaustausch. All dieses ist ein Teil der Ethik und Kultur einer Kooperativen Beratung. Dabei kommen dem Berater eine Vorbildfunktion und besondere Verantwortung zu (vgl. Kap. 3.2). Durch sein Geben sorgt er aber nicht nur für den Ratsuchenden, sondern durch die kooperative Haltung des Ratsuchenden auch für sich selbst. Er vermindert oder gar verhindert so ein Ausgebrannt-Sein (Burnout) und das Gefühl, ein hilfloser Helfer zu sein. Die Ziele, Strukturen und Methoden (Beratungsschritte) sind der notwendige „Leib" der Kooperativen Beratung; die wohlwollende kooperative Beziehung ist das Element, das dem Leib Leben und Wachstum verleiht (s. Kap. 4.1 und 4.2). Beides zusammen gestaltet einen effektiven Beratungsprozeß.

Ein Beratungsauftrag kann direkt zustande kommen durch die Bitte des Ratsuchenden um Hilfe, um Beratung. Bietet ein Berater einer Person eine Beratung an und wird diese angenommen, so soll dieses als indirekter Beratungsauftrag bezeichnet werden. In jedem Fall soll die Beratung freiwillig geschehen, auch wenn vorher Motivationsarbeit geleistet wurde.

Bei der kooperativen Einzelberatung treten ein Berater und ein Ratsuchender in eine zielgerichtete, kontextspezifische und zeitlich begrenzte Interaktion.

Die Kooperative Beratung umfaßt folgende Schritte, die im Folgenden näher erläutert werden sollen. (Eine Kurzbeschreibung der Kooperativen Beratung, die auch als „Fahrplan" oder Stichwortzettel bei der Beratung benutzt werden kann, ist in Anlage 1 zu finden.)

1. Beratungsschritt:	Einführung in die Kooperative Beratung
2. Beratungsschritt:	Beschreibung des Problems und Rekonstruktion der Innensicht
3. Beratungsschritt:	Perspektivenwechsel
4. Beratungsschritt:	Analyse des Problems und Fokussierung des Schlüsselproblems
5. Beratungsschritt:	Ableiten und Entwickeln einer Zielsetzung
6. Beratungsschritt:	Erarbeitung von Handlungswegen (Lösungsfindung)
7. Beratungsschritt:	Handlungsbewertung und autonome Entscheidung für eine der Handlungsmöglichkeiten
8. Beratungsschritt:	Planung und Vorbereitung der Handlungsschritte, Umsetzungshilfen und Störungsentgegnungen
9. Beratungsschritt:	Begleitung und Nachbereitung der Beratung

1. Beratungsschritt: Einführung in die Kooperative Beratung

Ziel: Voraussetzungen für eine effektive Beratungsarbeit schaffen.

Vorgehensweise: Der erste Schritt einer Kooperativen Beratung beginnt auf der Grundlage einer bereits geschaffenen generellen Arbeitsbeziehung, d. h. mit einer Vereinbarung über Ort und Zeit der Beratung, ggf. über den Inhalt des Beratungsgegenstands und über das methodische Vorgehen. Die Beratungssitzung eröffnet der Berater (Gesprächsleiter), indem er den Ratsuchenden (Gesprächspartner) in die Beratungsarbeit einführt. Er informiert ihn über das Ziel der Beratung, über ihre Möglichkeiten und Grenzen. Er vereinbart mit ihm die Vertraulichkeit der Behandlung von Informationen (Schweigepflicht), die Begrenzung der Beratungszeit und teilt dem Ratsuchenden mit, daß er stets nur soviel zu sagen braucht, wie er möchte. Insbesondere erklärt er dem Gesprächspartner, was er als Berater methodisch und inhaltlich zur Klärung und Lösung des Problems beitragen kann und welches Bild er generell von ratsuchenden Menschen hat. Ferner teilt der Gesprächsleiter dem Gesprächspartner mit, was dieser dazu beitragen kann, damit die Beratung für beide möglichst angenehm und erfolgreich verläuft. Eine Einführung soll kein Vortrag sein, sondern eine je nach Gesprächspartner sprachlich unterschiedlich formulierte und kurze Darstellung. Hierbei, und später bei entsprechenden Gelegenheiten, ermutigt der Berater den Ratsuchenden, bei Unklarheiten Verständnisfragen zu stellen und Unbehagen mitzuteilen. Besonders bei ängstlichen Gesprächspartnern ist es wichtig, nicht so viel zu reden. Bereits Ansätze von Lösungsschritten und von gelungenen Handlungen sollte er positiv rückmelden.

Manchen Ratsuchenden ist es eine Hilfe, wenn sie zur Erhaltung der Transparenz der Beratungsstruktur einen Bogen erhalten, auf dem die beabsichtigte Problemlösestruktur (s. Anlage 1) geschrieben steht.

Falls sich der Gesprächsleiter während der Beratung Notizen machen möchte, erläutert er auch dieses schon jetzt, um Irritationen zu vermeiden. Bei Tonaufzeichnungen holt er sich zudem das Einverständnis des Ratsuchenden ein.

2. *Beratungsschritt: Beschreibung des Problems und Rekonstruktion der Innensicht*

Ziel: Das äußere und innere Geschehen eines Problems beschreiben, den Sinn- und Bedeutungsaspekt des Handelns herausarbeiten und einen Klärungsprozeß einleiten.

Vorgehensweise: Der Berater bittet den Ratsuchenden, das Ereignis bzw. den Zustand zu schildern, der von ihm als störend oder problematisch erlebt wird. Die Schilderung sollte verstanden werden als ein Versuch, das Problem zu beschreiben, zu präzisieren und zu klären i. S. von: sich etwas klarmachen, etwas erhellen und strukturieren. Dabei kann es manchmal eine Hilfe sein, dem Gesprächspartner zu sagen, daß er sich vorstellen solle, er habe die Aufgabe, ein Drehbuch für einen Film zu erstellen und eine genaue Anweisung für Bühnenbildner, Schauspieler usw. zu geben.

Als Unterstützung für einen zielgerichteten und strukturierten Gesprächs-verlauf können auch verschiedene Leitfragen dienen (siehe Anlage 2). Es sind Fragen, Impulse etc., die die Richtung der Vorgehensweise angeben; sie sind eine Art „roter Faden", der auch bei den weiteren Problem-löseschritten zum Einsatz kommen kann. Generell soll gelten: die Leitfragen dienen der Unterstützung des Gesprächsverlaufes, d. h. sie können benutzt werden, müssen aber nicht sklavisch eingehalten werden. Sie sollten inhalt-lich und sprachlich auf den jeweiligen Gesprächspartner bezogen formuliert werden, d. h. diese oder selbst erarbeitete Leitfragen sollte der Berater soweit internalisieren, daß er trotz Strukturierung des Gesprächs sich ganz auf den Ratsuchenden konzentrieren kann.

Es sei noch einmal betont, daß neben dem äußeren Geschehen einer Si-tuation gerade das innere Geschehen, die Innensicht, der Sinn- und Be-deutungsaspekt des Handelns zu explorieren sind (vgl. Kap. 3.1). Ferner ist darauf hinzuweisen, daß diese und die weiteren Vorgehensweisen, Hilfe-stellungen usw. nur auf der Grundlage von und im Zusammenhang mit einer entsprechenden Sichtweise und Haltung des Beraters (Kap. 3.1 und 3.2) sowie angemessener Gesprächsmethoden geschehen sollten.

Nach einem Fragenkomplex, ggf. auch nach einer einzelnen Frage und vor allem am Ende eines Problemlöseschritts sollte der Berater mit dem Rat-suchenden über den Inhalt des Gesprächs einen *Dialog-Konsens* durchführen (s. Kap. 3.2.2). Dieses kommunikative Wahrheitskriterium gewährleistet, daß der Gesprächsleiter seinen Gesprächspartner so versteht, wie dieser sich verstanden haben möchte, daß er die Konstruktion des Geschehens (dessen Wirklichkeit) versteht, die der Ratsuchende von sich selbst, seinen Interaktionspartnern und der Situation hat. Trotz eines solchen Vorgehens können Mißverständnisse nicht generell ausgeschlossen werden, aber durch die Korrekturmöglichkeit vermindert werden. Außerdem wird durch diese Haltung und dieses Vorgehen das Bemühen des Beraters um seinen Ratsuchenden deutlich, was das Vertrauen wiederum positiv beeinflußt. Ein Dialog-Konsens ist am Ende eines jeden Beratungsschritts zu wiederholen.

3. Beratungsschritt: Perspektivenwechsel

Ziel: Die problematische Situation aus der Sicht des Interaktionspartners erspüren, erfahren.

Vorgehensweise: Die Beschreibung des Problems geschah bisher ausschließlich aus der Perspektive des Ratsuchenden. Der Berater hat ihm dabei geholfen, das Bedeutungssystem zu erkennen (konstruieren) und zu explizieren, das er seinem Handeln zugrundelegt und das sein Problem (Leiden) geschaffen hat. Zur Betrachtungseinheit eines Interaktionsproblems gehört auch die Einbeziehung des Handelns des/der Interaktionspartner/s. Nicht selten wird das Interaktionsgeschehen ganz unterschiedlich wahrgenommen und bewertet.

Eine Ebene, die Wahrnehmung und Deutung (Sinngebung) des Interaktionspartners zu erfahren, ist z. B., diesen direkt danach zu fragen. Sofern die betreffende/n Person/en anwesend ist/sind, geschieht dieses in der gleichen Beratungssitzung, ansonsten wird mit dem/den Beteiligten ein Termin vereinbart. Bei beiden Gegebenheiten wird entsprechend den Leitfragen zur Exploration einer schwierigen Situation (s. 2. Beratungsschritt) verfahren.

In vielen Fällen ist es nicht möglich, die am Problem beteiligten Personen zur Mitarbeit zu gewinnen, oder aber der Ratsuchende lehnt diese direkte Einbeziehung einer als Kontrahent der leidverursachend erlebten Person ab. Unter diesen Umständen scheidet diese Ebene des Perspektivenwechsels aus.

Auch wenn die beschriebene Ebene des direkten Gesprächs mit dem Beteiligten nicht beschritten werden kann, sollte bei der Bearbeitung des Interaktionsproblems in jedem Fall die zweite Ebene des Perspektivenwechsels beschritten werden. Auf dieser Ebene geht es darum, daß der Ratsuchende versucht, in die Rolle (Person) des Interaktionspartners der geschilderten problematischen Situation zu schlüpfen.

Das gedankliche Hineinversetzen in die Lage der Interaktionspartner kann bedeutende Informationen hervorbringen. Dieser Wechsel der Perspektive hat zum einen den Vorteil, einmal zu der eigenen Sicht in Distanz zu treten und die „Schuld" nicht voreilig den anderen Beteiligten zuzuschieben. Zum anderen bietet die Kenntnis der vermuteten Sichtweise der anderen Personen bei der Suche nach Lösungsmöglichkeiten eine viel tiefergehende, ergiebigere, weniger eingeschränkte Arbeitsgrundlage.

Beim Perspektivenwechsel versucht der Ratsuchende, sich in die jeweils andere Interaktionsperson hineinzuversetzen, indem er sich diesen Menschen noch einmal ganz genau vor Augen führt. Der Berater hilft dabei, indem er ihn in die Gedankenakrobatik einführt und sie unterstützt. Er bittet den Ratsuchenden, sich den Interaktionspartner gedanklich vorzustellen, indem er dessen Namen nennt (Vornamen oder Nachnamen, je nachdem, wie er ihn anredet; falls es dem Ratsuchenden lieber ist, einen fingierten Namen zu benutzen, so soll er dies tun). Nun wird der Ratsuchende aufgefordert, den Interaktionspartner in der Ich-Form zu beschreiben, so daß sich der Berater von dieser Person ein Bild machen kann, ihn geistig vor sich sieht. Er sagt: „Ich bin (etwa) ... alt, sehe ... aus, trage meist folgende (typische) Kleidung ..., habe gegenüber ... folgende Sicht- und Verhaltensweisen ...". Der Berater bittet den Ratsuchenden, sich *vor* Beginn dieser Personenbeschreibung auf einen anderen, bereitgestellten Stuhl zu setzen. Diese „kleine" Sitzveränderung erleichtert den Rollenwechsel und das Herausgehen aus dieser Rolle. Nur wenn der Ratsuchende trotz Hervorhebung des Vorteils dieses Vorgehens seinen Platz nicht wechseln möchte, wird der Perspektivenwechsel ohne Sitzveränderung durchgeführt.

Nachdem der gespielte Interaktionspartner „sich" beschrieben hat, spricht der Berater ihn auf die konkrete (im vorhergehenden Problemlöseschritt geschilderte) Situation an. Er bittet ihn, ihn bei seinem Namen nennend, diese Situation aus „seiner" Sicht zu schildern. Insbesondere bemüht sich der Berater, die Innensicht (die vermuteten Gedanken, Empfindungen, Gründe etc.) von Handlungen verbalisieren zu lassen. Der Ratsuchende gibt, soweit er sich in den Interaktionspartner hineinversetzen kann, Auskunft. Ferner kann es aufschlußreich sein, die gespielte Person zu fragen, wie diese allgemein und in Bezug auf die geschilderte Situation den Ratsuchenden, also sich selber, sieht, (d. h. der Ratsuchende redet über sich selbst aus einer anderen Sicht heraus.) Dieser methodische Doppeldecker, aus der Sicht eines anderen sich selbst zu beschreiben, führt oft zu erkenntnisreichen Be- und Zuschreibungen.

Am Ende eines Perspektivwechsels, und das ist besonders wichtig, führt der Berater den Ratsuchenden aus der gespielten Person wieder zurück in seine ihm gewohnte Gedanken- und Gefühlswelt. Er läßt ihn sich wieder auf seinen alten Stuhl setzen und redet ihn sofort mit seinem Namen an. Er fragt den Ratsuchenden, was dieser bei dem Rollentausch erlebt hat und welche Erkenntnisse ihm in dieser Zeit gekommen sind bzw. ihm jetzt deutlich werden. Oft kommen zu den alten Sichtweisen neue hinzu, Dinge bekommen neue Bedeutungen, manchmal „fällt" es dem Ratsuchenden „wie Schuppen von den Augen".

Gelegentlich fragen Ratsuchende sowohl bei der ersten als auch bei der zweiten Ebene des Perspektivenwechsels, wie die problematische Situation „denn nun wirklich verlaufen" sei, „das hier sind doch nur alles persönliche Sichtweisen". Dann gilt es, ihnen abermals deutlich zu machen, daß jeder Mensch aufgrund seiner subjektiven Selbst- und Weltsicht (konstruierten Wirklichkeit) handelt und daß es nicht *die* Wahrheit, also keine objektive Beschreibung gibt. Auch der Perspektivenwechsel wird mit einem Dialog-Konsens abgeschlossen, indem die neu gewonnenen Sichtweisen, Deutungen, Erkenntnisse usw. vom Berater zusammengefaßt dargestellt und ggf. bei einem Mißverstehen vom Ratsuchenden korrigiert werden.

4. Beratungsschritt: Analyse des Problems und Fokussierung des Schlüssel-problems

Ziel: Die gewonnenen Informationen und Erkenntnisse auf Bedingungs- und Sinnzusammenhänge sowie auf Funktionen hinterfragen und etwaige Handlungsmuster herausarbeiten. Ferner wird die (vordringliche, hauptsächliche) Unzufriedenheit und der Gegenstand einer Veränderung bestimmt.

Vorgehensweise: Auf der Grundlage der erkundeten Informationen und der gewonnenen Erkenntnisse versuchen Berater und Ratsuchender, den Klärungsprozeß zu vertiefen und vor allem zu strukturieren. Auch wenn hierbei das Geschehen in seine interaktiven Teile zerlegt wird und Elemente zur näheren Betrachtung herausgelöst werden, sollen die Ganzheit und die Vernetztheit eines Geschehens nicht außer Acht gelassen werden, sondern gerade durch die nähere Betrachtung von Einzelheiten deren Einbindung in einen Kontext und der Zusammenhang mit anderen Organisationssystemen deutlich werden. Diese Bedingungs- und Funktionsanalyse erfolgt auf der Basis der dargelegten handlungstheoretischen und systemischen Sichtweise.

Zunächst einmal versucht der Ratsuchende selbst, unterstützt durch Fragen und Impulse des Beraters, Zusammenhänge und Muster herauszuarbeiten. Erst danach expliziert der Berater seine Sichtweisen. Die Aussagen beider sind auf der Ebene von Hypothesen, von Annahmen über Zusammenhänge und Funktionen zu sehen. Rechthaberei oder Besserwisserei sind auch aus diesem Grunde zu vermeiden. Gerade die Auseinandersetzungen mit unterschiedlichen und ungewöhnlichen (über das gewohnte Denken hinausgehende) Sichtweisen und Denkmodellen können zur weiteren Klärung (Erhellung, Durchschaubarkeit, Ordnung) der meist sehr komplexen Problemsituation führen und darüber hinaus schon eine Veränderung von (eingefahrenen) Denkweisen bewirken. Es hat sich immer wieder gezeigt, wenn es dem Berater gelingt, im Ratsuchenden durch anregende Fragen und Impulse neue (andere) Bedeutungssysteme (Denkmodelle) zu erzeugen, dann entwickeln sich in ihm kognitive und emotionale Umdeutungen und Umstrukturierungen. Voraussetzungen für einen solchen gedanklichen Veränderungsprozeß sind ein nach wie vor bestehendes (eher wachsendes) Vertrauensverhältnis zwischen Ratsuchendem und Berater und die *gründliche* Arbeit in den vorangegangenen Schritten. Die Fragerichtungen zur Analyse eines Problems sind vielfältig, einige Aspekte seien exemplarisch aufgeführt:

- Sehen Sie Zusammenhänge zwischen ...?
  Wie erklären Sie sich diese Zusammenhänge?
- Welche Zusammenhänge könnte X (Interaktionspartner) aus seiner Situation sehen?
- Wie könnte er sich diese erklären?
- Welchen Zweck, welche Funktion hatte Ihr Handeln?
  Welchen Zweck und welche Funktion könnte das Handeln von X gehabt haben?
- Erkennen Sie Handlungsmuster (Anordnungen, Wirkungsgefüge) bei der Betrachtung der Problematik?
  Kommen diese oder sehr ähnliche Handlungsmuster auch in anderen Situationen mit X und in Verbindung mit anderen Personen vor?
  Welchen Sinn, Nutzen geben Ihnen diese typischen Handlungsweisen?
- Möchten Sie noch eine Veränderung des Problems, oder sehen Sie eine positive Funktion darin, die Sie erhalten möchten?

Eine Möglichkeit der Visualisierung und damit zu einer Intensivierung des Analyseprozesses bietet die Struktur-Lege-Technik (vgl. Scheele & Groeben 1988, Mutzeck 1988). Vereinfacht dargestellt könnte man wie folgt verfahren: Auf der Grundlage eines Handlungs- oder Interaktionsmodells (s. Kap. 3.1.3) werden in einem ersten Schritt die einzelnen Bestimmungsstücke dieses Modells für das betreffende Problem vom Ratsuchenden und vom Berater expliziert und jeweils auf ein Kärtchen (DIN A 8) geschrieben. Dieses gilt sowohl für die Handlungen des Ratsuchenden als auch für die (vermuteten) seines Interaktionspartners. Durch einen Dialog-Konsens werden diese Aussagen kommunikativ abgesichert.

Im zweiten Schritt werden diese Kärtchen (Bezugspunkte) auf einem großen Bogen Papier (DIN A 3 bzw. A 2) so geordnet, daß sich Zusammenhänge darstellen lassen. Die Zusammenhänge, Bezüge, Funktionen werden in Form von Pfeilen dargestellt. Die Bedeutung dieser Pfeile können entweder durch die unterschiedliche Darstellungsart gekennzeichnet werden (z. B. dicke, dünne, gestrichelte, gepunktete Pfeile, die können bereits auf Kärtchen vorgefertigt sein), oder die vom Ratsuchenden selbst eingezeichneten Pfeile werden mit der jeweiligen Bedeutung beschriftet. Wichtig ist, daß sich der Ratsuchende in den Inhalten dieses Verfahrens immer wiederfindet. Eine ausreichende Identifikation wird wiederum durch einen Dialog-Konsens hergestellt.

Die Struktur-Lege-Technik hat allerdings den Nachteil, daß sie meist zeitaufwendig ist und damit eine weitere Sitzung von 1–2 Stunden erfordert. Sie hilft jedoch gerade, komplexe Situationen und Zusammenhänge zu strukturieren und dabei die Vielschichtigkeit der Bezugssysteme nicht aus dem Auge zu verlieren.

Die Struktur-Lege-Technik ist als eine Ergänzung der Problemanalyse zu betrachten. Kernpunkt ist die verbale Erarbeitung von Bedingungs- und Sinnzusammenhängen.

Die Abschlußfrage des ersten Teils dieses Beratungsschritts kann lauten: „Wie sehen Sie das Problem jetzt?"

In einem zweiten Teil geht es um eine Selbstbewertung der bisherigen Problemsicht. Nicht selten kommt es vor, daß ein Ratsuchender mit mehreren Ereignissen oder Aspekten seines Problems unzufrieden ist und mehrere Änderungen herbeiführen möchte. Um sich und seine Mitwelt nicht zu überfordern, ist es jedoch sinnvoll, sich zunächst auf das Geschehen zu konzentrieren, das den Ratsuchenden am meisten beschäftigt, mit dem er am stärksten unzufrieden ist und/oder das er schnellstens verändern möchte. Bei dieser Fokussierung, d. h. der Konzentration des Augenmerks auf einen Brennpunkt, auf ein Schlüsselproblem, kann der Berater den Ratsuchenden wiederum unterstützen. Lenken sollte er ihn aber nur in dem Sinne, daß er beschriebene Situationen, gewonnene Erkenntnisse und Einsichten, die der Ratsuchende nicht einbezieht, in Erinnerung ruft, gleich dem Schein einer Taschenlampe, mit dem bestimmte Dinge ins Blickfeld gerückt werden. Der Berater kann Vorschläge machen und ggf. den Gesprächspartner mit Widersprüchen vorsichtig konfrontieren. Letztlich entscheiden, was den Ratsuchenden am meisten stört oder was er am dringendsten verändern möchte, kann nur dieser selbst. Seine Entscheidung hat der Berater auch dann zu akzeptieren, wenn er anderer Meinung ist, andernfalls läuft er Gefahr, den Ratsuchenden aus der Verantwortung seines Handelns zu entlassen.

5. Beratungsschritt: Ableiten und Entwickeln einer Zielsetzung

Ziel: Der Zustand, der erreicht werden soll, wird situations- und selbstbezogen erarbeitet und formuliert.

Vorgehensweise: Ausgehend von der Benennung des Schlüsselproblems, dem Zustand der größten Unzufriedenheit bzw. dem Veränderungswunsch, hilft der Berater seinem Gesprächspartner, den Zustand zu beschreiben, den dieser erreichen möchte (Zukunftsbild). Aus der Beschreibung des Ist-Zustands (Phasen 2–5) wird der Soll-Zustand, das Ziel, entwickelt. Auch wenn es häufig der Wunsch des Ratsuchenden ist, daß sein Interaktionspartner sein Handeln ändern möge, sollte er sich selbst fragen: Was kann *ich* dazu beitragen, damit der gewünschte Zustand erreicht wird?

Das Ziel ist derart zu formulieren, daß deutlich erkennbar ist, wie der Zustand aussehen soll, dessen schrittweise Erreichung der Ratsuchende gestalten will bzw. bei dem er bereit ist, mitzuwirken. Die Wege, mit denen das Ziel erreicht werden kann, sind aber erst in der Phase der Lösungsfindung zu erarbeiten.

Das Ziel ist konkret (tätigkeitsbezogen) und eindeutig (unmißverständlich) zu beschreiben. Es sollte einen veränderten Zustand beinhalten. Manchmal ist es hilfreich, das Zukunftsbild in kurz-, mittel- und langfristige Zielsetzungen zu gliedern. Kommen im weiteren Verlauf der Problemlösung noch neue Informationen und weitere Erkenntnisse hinzu, so ist das Ziel der aktuellen Entwicklung anzupassen.

Das Ziel sollte schriftlich festgelegt werden. Dieses dient zur Orientierung und Lenkung während der Suche nach möglichen Problemlösungen. Abschließend kann der Ratsuchende darauf hingewiesen werden, seine Zufriedenheit mit seinem Zukunftsbild (Ziel) durch folgende Fragen zu festigen bzw. Unstimmigkeit entsprechend zu überarbeiten: Ist das wirklich *mein* Ziel? Entspricht es meinen *Grundvorstellungen? Will* ich es wirklich?

6. Beratungsschritt: Erarbeitung von Handlungswegen (Lösungsfindung)

Ziel: Vielseitige und kreative Entwicklung von Handlungswegen, die zur Erreichung des Ziels führen.

Hinweise und Vorgehen: Diese Phase kommt zum Kernpunkt, dem direkten Suchen und Erarbeiten von Handlungswegen, mit denen das beschriebene und durchgearbeitete Problem gelöst werden könnte. Für den Ratsuchenden scheint dieser Schritt der kooperativen, problemlösenden Beratung oft der wichtigste und motivierendste zu sein. Auch wenn Lösungen schon auf der Hand liegen, macht es dem Ratsuchenden wie dem Berater eine besondere Freude, die Frucht ihrer Arbeit nun fassen und konkretisieren zu können. Beiden sollte jedoch deutlich sein, daß

– erstens die wesentlichen Voraussetzungen und Grundlagen zur Lösungsfindung in den vorausgegangenen Beratungsschritten liegen (wird dort gepfuscht, ist die Lösungsfindung sehr eingeschränkt),

– zweitens es sich um die Erarbeitung von möglichen Handlungswegen handelt, die erst in der Realität zu eigentlichen Lösungen werden können,

– drittens die Phase der Lösungsfindung auch dann bedeutend und produktiv ist, wenn Berater und/oder Ratsuchender bereits meinen zu wissen, welches *die* Lösung ist.

Meist gibt es mehr als einen Weg, auf dem ein Ziel erreicht werden kann. Um zur Vielfältigkeit und Vielschichtigkeit einer Lösungsfindung zu kommen, ist es sinnvoll, sich der Methode des *Brainstorming* zu bedienen (Osborn 1957, Lamm & Trommsdorf 1973). Sie hilft, über eingeengtes, festgelegtes Denken hinwegzukommen. Beim Brainstorming in der Kooperativen Beratung sammeln sowohl Berater als auch Ratsuchender alle

Ideen (Lösungswege), die ihnen zur Erreichung des vereinbarten Ziels einfallen.

Der *erste Teil* des Ideensammelns ist offen, d. h. außer der Zielsetzung gibt es keine weitere Strukturvorgabe. Zunächst überlegt jeder Gesprächspartner für sich und notiert seine Vorschläge. Danach trägt der Ratsuchende seine Ideen vor, und dann folgt der Berater mit seinen Vorschlägen. Alle Lösungsvorschläge werden angehört, nicht bewertet und schriftlich auf Kärtchen festgehalten. Nach dem Vorlesen der eingebrachten Ideen kann jeder der Teilnehmer, so wie es ihm in den Sinn kommt, weitere Lösungsvorschläge machen.

Im *zweiten Teil* des Brainstorming kann unter Einbeziehung bestimmter Strukturvorgaben die Lösungssuche fortgesetzt werden. Die Aspekte, die als Grundlage dienen, sind nicht bei jedem Problem die gleichen. Sie ergeben sich aus der vorangegangenen Bearbeitung des jeweiligen Problems und möglichen generellen Ansätzen zur Lösung von Problemen. Hier einige Beispiele für Gesichtspunkte, die häufiger als Impulse zum Tragen kommen:

– Verbalisieren von bestimmten Situationen, Erkenntnissen, Zusammenhängen, Lösungsansätzen, bestimmten Empfindungen und Überlegungen usw., die in den vorausgegangenen Problemlöseschritten wichtig wurden.
– Lösungen, die speziell auf die Kognitionen und Emotionen, auf die Wahrnehmung und Wahrnehmungsverarbeitung, auf geplantes Handeln oder Handeln unter (Zeit)Druck gerichtet sind.
– Vorschläge, die die Beseitigung, Schaffung oder Tolerierung bestimmter Umweltbedingungen zum Ziel haben.
– Ideen unter den Aspekten: Vorbeugen (Prävention) von oder eingreifende, entgegnende Maßnahmen (Intervention) bei Problemen, der Wiederherstellung eines bestimmten Zustands (Rehabilitation); Strategien, die ein Ertragen, ein Umgehen mit nicht zu verändernden Zuständen ermöglichen.
– Möglichkeiten zur Informationsbeschaffung: Anschriften von Personen und Institutionen, Literatur, nicht veröffentlichte Papiere etc., Arbeitsmaterial, Schulbücher etc.
– Personen, Arbeitskreise, Selbsthilfegruppen, Einrichtungen, die an dem gleichen oder einem ähnlichen Problem arbeiten, ggf. Hinweise auf Fachberater (Schulpsychologischer Dienst, Berufsberater, Fachrichtungsexperten etc.).
– Aspekte des persönlichen Umgangs mit dem Angehen und Durchhalten von Veränderungen: Anspruchsniveau, realisierte Erwartungen, kleine

Schritte, positive Rückmeldung etc., Ausgleichsaktivitäten wie körperliche und psychische Entspannung.

Die Vorgaben bei diesem strukturierten Teil des Brainstorming dürfen jedoch nicht zu kompliziert, zu umfangreich und von der Welt des Ratsuchenden abgehoben sein und nicht einschränkend für die Lösungsproduktion wirken, andernfalls sind seine Mitarbeit und damit eine gemeinsame, kreative, ungezwungene Ideensammlung nicht möglich.

Abschließend noch einige (zum Teil auch wiederholte) Hinweise zur Methode des Brainstorming innerhalb der Kooperativen Beratung:

– Die Fragestellung bzw. das Ziel, worüber nachgedacht werden soll, muß klar, eindeutig und schriftlich formuliert sein.

– Zunächst denkt jeder Teilnehmer der Ideensammlung für sich über Lösungsmöglichkeiten nach und notiert diese.

– Jede Art von Lösungsideen ist zugelassen. Zu Spontaneität, Kreativität und Originalität soll ermuntert werden. Lustige, ungewöhnliche und absurde Ideen beflügeln den Gedankenfluß und regen an, die gewohnten, oft eingeschränkten Denkweisen zu durchbrechen.

– Kein Vorschlag soll kritisiert werden. Es darf nur eingegriffen werden, wenn die Ideen das Ziel völlig verfehlen.

– Bisher eingebrachte Vorschläge dürfen aufgegriffen und mit neuen verbunden werden.

– Alle Ideen werden schriftlich festgehalten. Entweder werden die Vorschläge auf einem Bogen fortlaufend mitgeschrieben oder jeder Vorschlag auf einem Kärtchen notiert. Die Arbeit mit Kärtchen erleichtert später die Strukturierung und Gruppierung der Ideen.

– Zwischenbilanzen, im Sinne von Vorlesen der bisher zusammengetragenen Lösungsmöglichkeiten, bringen oft Zufriedenheit über das schon Geschaffte und stimulieren zu neuen oder ergänzenden Ideen.

Zu neuen und qualitativ guten Handlungsmöglichkeiten kommt es meist erst dann, wenn die vorangegangenen Beratungsschritte, insbesondere der Perspektivenwechsel, gründlich und mit der Überzeugung, bereits hiermit die notwendigen Grundlagen für eine Lösung zu legen, durchgeführt wurden.

7. *Beratungsschritt: Handlungsbewertung und autonome Entscheidung für eine der Handlungsmöglichkeiten*

Ziel: Die erarbeiteten Handlungswege nach persönlich bedeutsamen Kriterien bewerten, eine Auswahl treffen und eine selbständige, eigenverantwortliche Entscheidung vornehmen.

Hinweise und Vorgehen: Das Ziel wurde gesetzt und Möglichkeiten zur Lösung des Problems erarbeitet. Nun gilt es, aus der Fülle von Lösungsalternativen eine Auswahl zu treffen. Zwar kann der Berater bei diesem Bewertungsprozeß Hilfen geben, indem er Bewertungs- und Entscheidungskriterien und Vorgehensweisen vorschlägt. Die Entscheidung für oder gegen einen Handlungsweg muß der Ratsuchende jedoch selbst treffen. Dieses Vorgehen stützt zum einen die Selbständigkeit, die Eigenverantwortlichkeit und die Entscheidungsfreiheit des Ratsuchenden, und es entlastet zum anderen den Berater von Aufgaben, die er dem Ratsuchenden nicht abnehmen sollte und die ihn (meistens) unnötig binden würden. Ferner wird damit wieder nach dem Prinzip verfahren, daß jeder der Beteiligten sein jeweiliges Expertenwissen einbringen soll. Und der Ratsuchende ist Fachfrau/Fachmann für ihren/seinen Schulalltag. Er kennt sich, seine Kollegen, Schüler oder deren Eltern am besten.

Die Kriterien, die der Berater zur Bewertung und Auswahl von Handlungswegen vorschlagen kann, sind vielfältig. Einige Kriterien, die sich bewährt haben (vgl. Mutzeck 1988), seien hier in Form von selbstprüfenden Fragen (Prüfsteinen) genannt:

– Hat mir dieser Handlungsvorschlag sofort gefallen, und finde ich ihn immer noch besonders? Was sind die Gründe?
– Ist dieser Handlungsweg mit meinen (persönlichen bzw. pädagogischen) Grundeinstellungen (überwiegend) vereinbar?
– Paßt der Weg (überwiegend) zu meinem grundlegenden Handlungsstil, zu meinem Wesen?
– Wenn ich den Aufwand an Zeit und Kraft dem möglichen Nutzen gegenüberstelle, zu welchem Ergebnis komme ich da? Bin ich bereit, bei dieser Kosten-Nutzen-Relation den Lösungsweg umzusetzen?

- Welche möglichen positiven und/oder negativen Konsequenzen könnte der Handlungsweg bewirken (bei mir persönlich, bei dem Interaktionspartner, bei anderen Personen)?
- Was ist das Besondere, das Reizvolle oder das angemessen Ungewöhnliche an diesem Vorschlag? Was zeichnet ihn gegenüber früheren Lösungsversuchen aus?
- Halte ich diese Lösungsmöglichkeit für realisierbar (machbar)? Was spricht dafür und was dagegen?
- Welche Hilfe, welchen Erfolg, welche Veränderungen verspreche ich mir kurz-, mittel- und/oder langfristig von diesem Lösungsweg (m. a. W. sofort nach der Umsetzung, nach mehrfach wiederholter, nach fortdauernder, über Monate gehender Ausführung)?
- Inwieweit bin ich bereit, mich für diesen Lösungsweg zu engagieren? Wie wichtig ist mir eine Lösung des Problems? Wie stark will ich eine Änderung der Problemsituation?
- Wie geht es mir bei dem Gedanken, die Handlungsmöglichkeit bei der nächsten Gelegenheit in meinem Alltag in die Tat umzusetzen?

Die Kriterien sollten weniger als *Checkliste* benutzt werden, sondern mehr als Anregung für situationsspezifische Fragen oder als Auswahlmöglichkeit. Gerade ängstliche oder unsichere Menschen würden von der Fülle letztlich selbstkritischer Fragen erdrückt werden.

Außerdem muß nicht jede Frage positiv beantwortet werden, damit eine Lösungsmöglichkeit als angenommen gilt. Manche Beseitigung von Unklarheit und vor allem die Konkretisierung geschehen in dem nächsten Lösungsschritt, der Vorbereitung des Handlungswegs für die konkrete Alltagssituation.

Das Vorgehen bei der Bewertung und der Auswahl von Handlungswegen kann so geschehen, daß nach dem Anlegen von *Prüfsteinen* an einen Handlungsvorschlag dieser mit Bewertungszeichen markiert wird, bevor jedes Kärtchen einem der folgenden Zeichen zugeordnet wird:

— = nicht geeignet
+ = gut geeignet
++ = sehr gut geeignet

Häufig schließen sich mehrere positiv beurteilte Wege nicht aus. Sie können als Alternativen benutzt oder zusammengefaßt werden oder sich gegenseitig ergänzen. Hier ergeben sich manchmal „Menüvorschläge" mit verschiedenen Gängen, die dann im nächsten Beratungsschritt fachgerecht und ganz individuell zubereitet werden.

Zusammengehörende Lösungsmöglichkeiten können durch entsprechende Pfeile verbunden werden oder, bei der Verwendung von Kärtchen, entsprechend gelegt, ggf. aufgeklebt und numeriert werden. Die Erfahrung hat gezeigt, daß sehr ungewöhnliche oder ganz neue Lösungswege nur selten gewählt werden. Meistens sind die Lösungen motivierend, die für den Ratsuchenden angemessen, ungewöhnlich oder teilweise neu sind, die Anteile haben, die schon bekannt sind bzw. sich bereits bewährt haben oder einem Trend folgen, die Anerkennung zur Folge haben. Insbesondere aber spielt eine positive Kosten-Nutzen-Analyse eine Rolle (vgl. auch Mutzeck 1988).

8. Beratungsschritt: Planung und Vorbereitung der Handlungsschritte, Umsetzungshilfen und Störungsentgegnungen

Ziel: Die Lösungsmöglichkeiten in Handlungsschritte umwandeln und Umsetzungshilfen und Entgegnungen bei Umsetzungsstörungen planen.

Hinweise und Vorgehen: Die meisten Problemlösestrategien hören mit der Erarbeitung von Lösungsvorschlägen auf. In vielen Fällen ist es aber notwendig, gerade den Schritt in die Konkretisierung und Pragmatisierung ermunternd und beratend zu unterstützen. Im ersten Teil dieser Beratungsphase geht es darum, den vom Ratsuchenden erwählten Lösungsvorschlag in die konkreten Handlungsschritte umzuwandeln, die dann im (Berufs-)Alltag umgesetzt werden können. Wenn der Ratsuchende in einer bestimmten schwierigen Situation nicht genau weiß, was er tun kann, so wird er in dieser Situation hilflos sein und nichts seinem Ziel und Lösungsweg gemäß ändern, sondern eher noch unzufriedener werden.

Das *Ziel (1.)* muß eindeutig und die Handlungsschritte operational beschrieben sein. Es sollten die Fragen beantwortet werden: Welche Hilfen und Ressourcen können für die Realisierung der geplanten Handlungsschritte (erarbeiteter Lösungsweg) aufgetan und einbezogen werden? Welche Bedingungen stören oder erschweren (möglicherweise) die Realisierung? Wie kann diesen Störungen oder Erschwernissen vorgebeugt bzw. wie kann ihnen entgegengetreten werden? Der als Anlage 3 wiedergegebene Strukturierungsleitfaden kann sowohl als Hilfe für den Berater dienen als auch in Alleinarbeit von der ratsuchenden Person durchgeführt werden. Schaubildlich läßt sich das Vorgehen symbolisch als Weg darstellen.

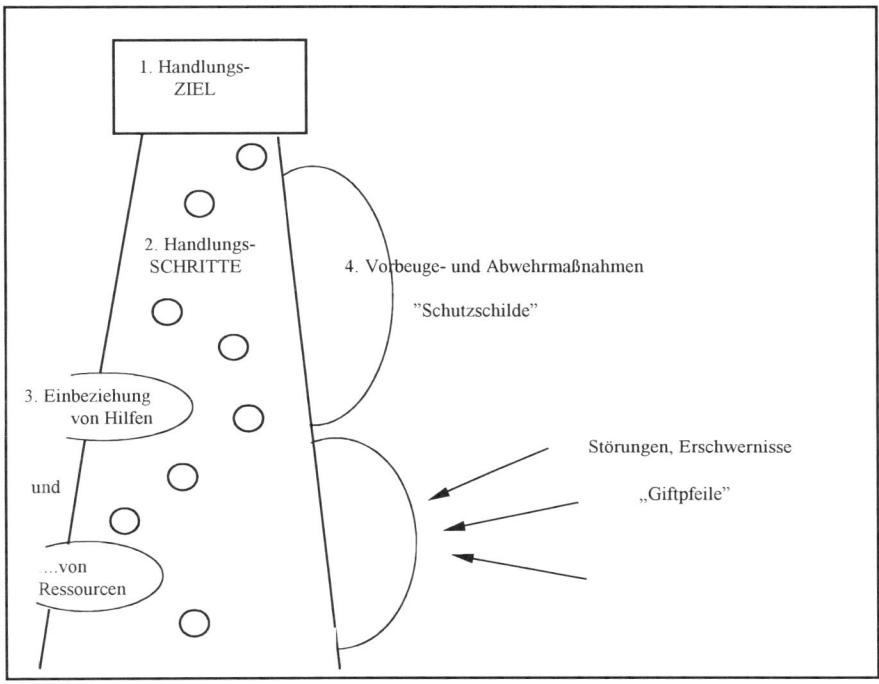

Abb. 12: Veranschaulichung des Vorgehens im 8. Beratungsschritt

Ratsuchender und Berater überlegen gemeinsam, welche einzelnen *Handlungsschritte (2.)* im Kontext des Lösungswegs notwendig und sinnvoll sind, um das angestrebte Ziel zu erreichen.

Ein Handlungschritt soll:
- eindeutig, konkret (tätigkeitsbezogen) und sprachlich einfach sein,
- er sollte möglichst beinhalten, was, wo, wann, wie, unter welchen Bedingungen, mit welcher Einstellung auszuführen ist,
- als Absichtserklärung formuliert sein (ich will ..., ich beabsichtige ...).

Auch die Handlungsschritte werden schriftlich festgehalten. Sie werden, wenn nicht von vornherein schon geplant, in eine Reihenfolge, Schrittfolge gebracht. Bei der Bildung von Handlungsschritten ist es manchmal zweckmäßig, die Schritte in Maßnahmen zu untergliedern, die vor, bei oder nach Auftreten des Problems eingesetzt werden sollen. Insbesondere Maßnahmen, die vor dem Problemverhalten bzw. der problematischen Bedingung ausgeführt werden, können eine vorbeugende (präventive) Wirkung beinhalten und damit eine schwierige Situation vermindern oder gar verhindern. Kleine, überschaubare Handlungsschritte scheinen zu einem Handlungsentschluß und zur -durchführung zu aktivieren; zu große, umfangreiche Schritte paralysieren (lähmen) oder führen zum Abbruch des Vorhabens. (Weitere Hinweise auf transferfördernde Bedingungen zur Gestaltung von Handlungsschritten s. Mutzeck 1988 und 1992a).

Im zweiten Teil dieser Beratungsphase geht es darum, sich mit den förderlichen und erleichternden Bedingungen einerseits und mit den störenden und hemmenden Bedingungen der Umsetzung der Handlungsschritte andererseits zu befassen.

Zur Unterstützung und Erleichterung der Umsetzung der Handlungsschritte kann man gezielte *Hilfen und Ressourcen (3.)* personeller, materieller und situativer Art suchen bzw. entwickeln (Umsetzungshilfen). Das sind zum Beispiel

Erinnerungshilfen:
Leicht wird ein Ziel oder ein Handlungsschritt im Trubel des Alltagsgeschehens vergessen. So ist es hilfreich, z. B. durch einen kleinen farbigen Merkzettel an den Handlungsvorsatz erinnert zu werden oder andere Erinnerungshilfen einzusetzen. Man kann sich auch den oder die jeweils auszuführenden Handlungsschritte in die Unterrichtsplanung schreiben.

Materielle Hilfen:
Hiermit sind Medien und Materialien gemeint, die für die Durchführung eines Handlungsschritts benötigt werden.

Strategien zur Handlungsunterbrechung:
Manchmal möchten wir eingefahrene Verhaltensweisen (Routinen) unterlassen. Das fällt oft sehr schwer, weil die wahrgenommenen Reize uns dazu anregen, wieder in das gewohnte Verhalten zurückzufallen. Hier können Handlungsunterbrechungsstrategien weiterhelfen, z. B. indem ich mir beim Auftreten der Problemsituation (z. B. Schüler grinst mich an) einen Stop- und/oder Aufforderungsbefehl gebe. Dieser kann beinhalten:

- visuelle Veränderung („Schau aus dem Fenster", „Schau auf den Smily,
  auf den Lehrerkalender, der auf dem Pult liegt"),
- taktile Veränderung („Faß den kleinen Knautschball an",... „einen
  besonderen Stein" etc.),
- kognitive Veränderung (sich innerlich Zeilen eines Gedichts etc.
  sagen),
- physische Veränderung (sich strecken, in einen anderen Teil des Raumes
  gehen etc.)
- psychosoziale Veränderung (tief durchatmen, entspannen, sich kneifen
  etc.),
- gustorische (Geschmacks-)Veränderung (einen Bonbon etc. lutschen),
- olfaktorische (Geruchs-)Veränderung (an etwas Besonderem riechen,
  z. B. Parfüm).

Gerade die letzten Strategien zur Handlungsunterbrechung mögen vielleicht
abwegig, albern etc. erscheinen. Wenn man aber erlebt, wie schwer es vielen Personen fällt, aufkommende Gefühle wie Wut, Zorn, Ärger, Angst zu
unterbrechen, um einmal vom Verstand her zu überlegen, bzw. eine schon
geplante und in der Beratung geübte, vernünftige Handlung auszuführen,
dann sollten auch ungewöhnliche Methoden herangezogen werden können.

Besonders wirkungsvoll ist die Kombination von Handlungsunterbrechungsstrategien mit nachfolgender Selbstinstruktion (Handlungsan-
weisung) und Selbstermutigung.

Hilfen zur Selbststeuerung:
Es hat sich gezeigt, daß z. B. Selbstaufforderungen, die man sich vor dem
Unterricht oder direkt vor der Handlungsausführung gibt, Mut machen und
die Konzentration auf die Handlung erhöhen, d. h., man sagt sich innerlich
einen entsprechenden Satz allgemeiner Art (z. B. „Das wirst Du schon
schaffen") oder spezieller Art (z. B. „Jetzt schaust Du Herrn X an, wenn Du
ihn ansprichst"). Dieses kann ein Teil der sog. Streß-Impfung sein, bei der
das Handeln in kritischen Situationen durch inneres Sprechen gesteuert wird
(vgl. hierzu auch Meichenbaum 1979).

Unterstützungspartner für den Ratsuchenden:
Als besonders hilfreich wird es fast immer erlebt, wenn die Handlungs-
umsetzung und oft auch schon die Vorbereitung dazu mit einer anderen,
möglichst vertrauten Person besprochen werden. Dieser Unterstützungspartner kann Rückmeldung bei der Handlungsplanung und -vorbereitung
geben, und mit ihm können die Ausführung und die dabei auftretenden

Schwierigkeiten reflektiert werden. Auch wenn es darum geht, vorhandene Verhaltensweisen (Kompetenzen) zu verbessern oder neue aufzubauen, kann ein Unterstützungspartner die notwendige Ermunterung und Korrektur geben. Diese den Ratsuchenden unterstützende Person sollte, wenn möglich, nicht der Berater sein.

Vorbeugungs- und Abwehrmaßnahmen gegen störende Bedingungen (4.):
Da es manchmal anders kommt als man die Situation und den Handlungsverlauf geplant hat, ist es sinnvoll, sich darüber Gedanken zu machen, welche möglichen Störungen, Erschwernisse oder Widrigkeiten („Giftpfeile") bei der Handlungsausführung auftreten können (s. Abb. 12). Hierfür eignet sich z. B. die Methode *Mentales Rollenspiel*, bei der man versucht, sich gedanklich in die Rolle und die Sichtweisen z. B. des Kontrahenten zu versetzen. Für diese Eventualitäten überlegt man sich Maßnahmen zur Vorbeugung oder zur Abwehr und Entgegnung („Schutzschilde"). Das sind z. B. auch alternative Wege, welche ggf. der Lösungssammlung entnommen werden können. So gewappnet kann der Ratsuchende die notwendige Sicherheit gewinnen, um dem einst unangenehm erlebten Problem vorbereitet entgegenzutreten (s. hierzu auch die o. g. Strategie zur Handlungsunterbrechung, ferner Wahl 1991).

Der transferbezogene Beratungsschritt *Planung und Vorbereitung von Handlungsschritten, Umsetzungshilfen und Störungsentgegnungen* kann nach der Lösungsfindung und Entscheidungsphase in Teilen oder als Ganzes folgen, aber auch, wenn die Beratungssituation es nicht erfordert, weggelassen werden. Dieser Problemlöseschritt kann ebenso als „Hausaufgabe" vom Ratsuchenden allein durchgeführt werden. In diesem Fall hat sich ein Leitfaden oder Arbeitsbogen als hilfreich erwiesen, der in der Anlage 3 abgebildet ist.

Der Ratsuchende sollte dann seine Eintragungen bzw. Arbeitsergebnisse mit dem Berater oder seinem Unterstützungspartner zu einem späteren Zeitpunkt, ggf. auf der nächsten Sitzung, besprechen.

Ein weiterer Aspekt einer alltagsnahen Vorbereitung der Handlungsschritte, der auch zu den Umsetzungshilfen zählen könnte, sei gesondert aufgeführt:

Nicht selten sind Ratsuchende – trotz dieser sie auf den Boden der Realität des Schulalltags zurückholenden Phase – euphorisch oder übermütig und meinen, die Kraft zu haben, Berge versetzen zu können. Hat der Berater den Eindruck, daß sich der Ratsuchende von seiner Tatkraft her übernimmt, so sollte er den Gesprächspartner dazu anleiten, eine Kräftebilanz bzw. eine Kraftfeldanalyse durchzuführen. Ein Mensch hat nicht unendlich viel Kraft, auch wenn er sich manchmal so stark fühlt. Die bemessene (endliche) Kraft gilt es, gerade wenn neue Aufgaben, Belastungen usw. hinzukommen, einzuteilen, m. a. W. mit ihr hauszuhalten. Der Ratsuchende sollte sich deshalb einmal vergegenwärtigen, in welchen seiner beruflichen und privaten Lebensbereiche er seine Schaffenskraft investieren muß. Er kann sich seine Kräfteverteilung veranschaulichen, indem er einen „Kräftekuchen" zeichnet, diesen in entsprechende Segmente einteilt und die Inhalte benennt. Andererseits bzw. ergänzend kann sich der Ratsuchende überlegen, welche Aufgabenfelder, Aktionen etc. ihm Kräfte „abziehen" und woher er sich eigene Kräfte und fremde Unterstützungskräfte „holen" kann. Diese Überlegungen können zu einer Umverteilung oder zu einer Ökonomisierung des Einsatzes von Kräften führen. Hieraus kann er eine weitere Methode aufbauen, die die Umsetzung des Lösungswegs fördert. Die Ergebnisse der Kräftebilanzierung (Kraftfeldanalyse) und die Erfahrungen und Sichtweisen des Ratsuchenden können in Leitsätzen für sein Veränderungs- bzw. Problemlösevorhaben im Alltag formuliert werden, z. B.: „Wenn ich in kleinen, machbaren Schritten vorgehe, dann habe ich am ehesten Erfolg, und dann schöpfe ich aus diesem Erfolg Kraft für den nächsten Schritt", oder: „Wenn ich mein Vorhaben in meine Unterrichtsplanung (die verbindliche Stoffverteilung usw.) einbinden kann und damit sowohl für die Vorbereitung und die Durchführung wenig Extraarbeit entsteht, dann habe ich auch ausreichend Kraft, die Sache durchzuhalten". Solche bewußt formulierten subjektiven Theorien können eine starke handlungsleitende Funktion haben. Es handelt sich hier um eine Art Vorsatzbildung für die allgemeine methodische Sicht- und Vorgehensweise des Ratsuchenden (Näheres s. Mutzeck 1988, Brandstädter 1992). Dieser bewußt gesteuerte und unterstützte Verarbeitungsprozeß im Rahmen von Handlungsplanung, d. h. die Verbindung von früheren Erfahrungen mit selbstgewonnenen Erkenntnissen aus Beratungs-, Supervisions- und Fortbildungsprozessen (Trainingsprozesse), ist eine Methode zur Erhöhung des bewußten Selbststeuerung. Sie steigert die Einstiegs- und Durchhaltebereitschaft in einem Vorhaben.

Zum Abschluß der Beratungssitzung ist es sinnvoll, *Vereinbarungen*, *Hausaufgaben* usw. in eine Art Vertragsform zu bringen, um die Verbindlichkeit von Absprachen und damit die Realisierungschance des Lösungswegs zu erhöhen. Hierbei werden insbesondere die erarbeiteten Handlungsschritte zusammengefaßt und in der angegebenen Form als Selbstverpflichtung formuliert. Die Erfolgskriterien ergeben sich aus den operationalisierten Handlungsschritten (Weiteres s. Hautzinger 1981). Damit der Ratsuchende die Umsetzung seiner Handlungsschritte besser kontrollieren kann, ist es ratsam, die Schritte in den Leitfaden zur Handlungsplanung einzutragen (s. Anlage 3).

Eine weitere Möglichkeit, die Handlungsschritte für den Einsatz in der Realsituation vorzubereiten, ist folgende: *Rollenspiel als eine quasi-reale Bewährungsprobe*. In ihm soll der erste Schritt des Lösungswegs auf der Handlungsebene erprobt werden.

Durch das Rollenspiel läßt sich Handeln in seiner Vielschichtigkeit, d. h. in seiner Verhaltens-, kognitiven und emotionalen Ebene erfahrbar und analysierbar und in seiner Veränderbarkeit erlebbar machen. Die szenische Darstellung eines Lösungswegs holt die Realsituation in die Beratungssituation hinein. Zwar bringt das Rollenspiel als Probeaufführung des Realgeschehens mit sich, daß manche situative Bedingungen nicht (ganz) der Realität entsprechen (Quasi-Realität). Es bietet jedoch durch das Erleben der eigenen (neuen) Rolle und durch das Erleben fremder Rollen (durch Rollentausch) und der Rollendistanz eine eingehende Beschäftigung mit dem Lösungsweg, d. h. eine gezielte und bewußte Erfahrungs- und metakommunikative Arbeitsmöglichkeit. Das psychodramatische Rollenspiel ist ein wertvoller Ausgangspunkt für die vom Berater dialogisch geführte Rekonstruktion der subjektiv-reflexiven Innensicht, der abgelaufenen Überlegungen (Kognitionen) und Empfindungen (Emotionen) während des Rollenspiels.

Die einzelnen Phasen des Rollenspiels sind: Bestimmung der Situation, Einführung und Vorbereitung (Initiieren, Erinnern, Szenario), Durchführung (Exploration, Spiel der Szene, Rekonstruktion der Innensicht) und Nachbereitung (Analyse der Handlungsanteile und -zusammenhänge, Explikation der Einsichtgewinnung).

Ein intensives Nachdenken über den Verlauf der Umsetzung des Lösungswegs und damit seiner Weiterentwicklung läßt sich z. B. durch die in den Anlagen 4, 5 und 6 wiedergegebenen Reflexionsbögen erreichen.

Die Selbstreflexion vorbereiten: Um den bewußten Umgang mit den Erfahrungen bei der Umsetzung zu fördern, wird die Methode einer erkenntnisfördernden und strukturierten Selbstreflexion eingeführt und geübt. Dieses gelenkte Nachdenken dient insbesondere dazu, sich der inneren Anteile des Umsetzungsgeschehens gewahr zu werden, d. h. den handlungsfördernden und handlungshemmenden Gedanken und Gefühlen und dem Umgang mit diesen. Zum Abschluß wird noch einmal versucht deutlich zu machen, daß es bei der Realisierung des eigenen Vorhabens im Alltag weniger um Erfolg und Mißerfolg, sondern mehr um das Experimentieren, Lernen und Verändern aufgrund von aufmerksam gemachten Erfahrungen geht. Jeder Ratsuchende kann dabei herausfinden, wie er bei der Veränderung unangenehmer, unerwünschter Zustände, bei der Schaffung erwünschter, angenehmer Zustände am ehesten erfolgreich sein kann.

9. Beratungsschritt: Begleitung und Nachbereitung der Beratung

Ziel: Den Ratsuchenden in seinem Versuch der Problembewältigung unterstützen, d. h. ihn bei der Umsetzung des Lösungswegs begleiten.

Hinweise und Vorgehen: Ziel der Kooperativen Beratung ist es, daß der Ratsuchende seinen erarbeiteten Lösungsweg selbständig in die Tat umsetzt. In vielen Fällen ist es aber angebracht und zum Teil notwendig, daß der Berater den Ratsuchenden auf dem Weg zu seinem Ziel begleitet, d. h. er läßt sich über den Start und den Fortgang der Umsetzung berichten. Er leitet den Ratsuchenden zur Reflexion des Handlungsprozesses an, gibt, wenn nur irgend möglich, positive Rückmeldungen, ermuntert ihn auch, kleine Erfolge zu sehen, versucht, mißlungene Versuche und Rückschläge aufzufangen und bietet ggf. eine Sitzung zu einem erweiterten oder neuen Problemlösegespräch an.

Hilfreich für die Begleitung und auch für die Nachbereitung (Abschlußgespräch) des Bewältigungsprozesses sind fortlaufend geführte Erfahrungs- und Reflexionsberichte. Auf der Grundlage dieser Informationen können sehr genau die fördernden, hemmenden oder gar verhindernden Bedingungen des Problemlöseprozesses aufgezeigt werden. Deren Kenntnis ist für die weitere Planung und Durchführung sehr wichtig, ebenso für die Bewältigung anderer Probleme.

Die Begleitung kann in unterschiedlich organisierter Form verlaufen: direkte Gespräche, Telefonate, ggf. auch in schriftlicher Form.

Auch wenn keine Begleitung erforderlich ist bzw. die Begleitung von einem Unterstützungspartner (s. Beratungsschritt 8) durchgeführt wird, sollte eine Nachbereitung, ein den gesamten Beratungsprozeß abschließendes Gespräch zwischen Ratsuchendem und Berater stattfinden. Vereinbarungen zu treffen hat in den meisten Fällen wenig Sinn, wenn nicht der Berater auch ein Interesse an deren Einhaltung zeigt.

Begleitende und abschließende Gespräche sollen nicht den Charakter der bloßen Prüfung von Erfolg oder Mißerfolg haben. Die qualitative Arbeit, die Reflexion der Umsetzung des Lösungswegs ist das tragende Element der Weiterentwicklung von Problemlösekompetenzen.

Abschließende Bemerkungen:
Die Kooperative Beratung ist – wie alle Beratungskonzeptionen – abhängig vom jeweiligen Kontext, den Gegebenheiten und der subjektiven Wahrnehmung und Verarbeitung der räumlichen, zeitlichen und personellen Bedingungen des Systems Beratung. Die Kooperative Beratung ist nicht zu verstehen als ein geschlossenes System. Trotz ihrer starken Strukturiertheit und des ausformulierten Vorgehens ist sie als eher offen zu betrachten und anzuwenden.

1. Die Vorgehensweise in der Kooperativen Beratung ist verzweigt und nicht linear vorzunehmen; d. h. nicht jedes Gespräch muß alle Beratungsphasen durchlaufen, und ein Wiedereinsteigen in eine vorangegangene Phase kann sehr sinnvoll und nützlich sein. Gespräche, die zur Unterstützung einer Diagnose oder einer Klärung dienen sollen, werden die Beratungsschritte 1 – 4 zur Grundlage haben, Planungsgespräche die Schritte 5 – 8.

2. Die Struktur der Kooperativen Beratung ist für Ergänzungen und Erweiterungen offen. So kann z. B. hilfreich sein, den mehr diagnostischen Teil (Schritte 1 – 4) durch Unterrichtsbeobachtungen, Gespräche mit anderen direkt oder indirekt Beteiligten oder durch andere diagnostische Verfahren zu ergänzen bzw. die Kooperative Beratung in einen Diagnoseprozeß einzubeziehen.

Auch durch pädagogische und therapeutische Elemente, z. B. aus dem Psychodrama, der Gestalttherapie oder der Kognitionspsychologie, läßt sich die Kooperative Beratung erweitern. Entscheidend ist, daß die Stimmigkeit zu den Bezugsrahmen (s. Kap. 4.1), insbesondere zu den Menschenbildannahmen, sichergestellt ist.

5. Kooperative Gruppenberatung: Kollegiale Praxisberatung in der Gruppe

5.1 Definition, Ziele und Funktionen

Unter *Kooperativer Gruppenberatung* ist eine Gruppe von Berufspraktikern zu verstehen, die in kontinuierlicher, methodisch-systematischer Form ihren Arbeitsalltag reflektierend, beratend und unterstützend kollegial begleitet und sich weiterqualifiziert. Die Kooperative Gruppenberatung ist eine Form der Supervision (siehe Kapitel 2.3). Sie beginnt mit fachkundiger, außengesteuerter Fortbildung und Beratung und wird dann in eine durch die Gruppenmitglieder geleitete und verantwortete Beratung und Unterstützung überführt (siehe Kap. 2.3, Abb. 2).

Kooperative Gruppensupervision hat zwei Hauptzweige:

– berufliche Beratung und Unterstützung der Gruppenmitglieder und
– deren praxisbegleitende Weiterqualifizierung.

Im Einzelnen geht es um folgende Lernprozesse:

– die systematische Reflexion eigener und fremder Arbeitsprozesse einschließlich konstruktiver Rückmeldungen,
– Ideen und Denkanstöße der Gruppenmitglieder zur Gestaltung der eigenen Arbeit,
– Beratung bei Problemen und Unterstützung bei deren Bewältigung,
– Verbessern und Vertiefen der Beratungskompetenz durch fachliches und persönliches Lernen mit unmittelbarem Transfer in die Praxis.

Die Kooperative Gruppenberatung hat eine präventive und eine intervenierende, kurative Funktion. Ihre Prävention besteht vor allem in einer angeleiteten und systematischen Reflexion der Berufspraxis und der gegenseitigen Unterstützung bei der Herstellung und Sicherung erfolgreicher und befriedigender Arbeitssituationen.

Untersuchungen von Knight-Weggenstein (1973) und Köppel (1983) haben ergeben, daß 88 % bzw. 92 % der Lehrerinnen und Lehrer an Regelschulen ihren Beruf als stark belastend erleben. Oft führen diese Belastungen und Schwierigkeiten zu psychischen und körperlichen Beschwerden (siehe auch Holtz 1987; Becker & Gonschorek 1989: das Burnout-Syndrom bei Lehrern). Durch eine kontinuierliche, praxisbegleitende und unterstützende Kooperative Gruppenberatung können solche beruflichen Belastungen vermindert oder vermieden werden.

Die intervenierende und kurative Funktion der Gruppenberatung geschieht durch die gegenseitige Beratung und Praxisbegleitung bei Problemen, Schwierigkeiten, besonderen Belastungen etc. der Gruppenmitglieder. Durch das Erlernen und Ausüben der Methoden der Kooperativen Gruppenberatung vollzieht sich hier ebenfalls eine praxisbezogene (Weiter-) Qualifizierung.

5.2 Adressatengruppen

Im Rahmen von Beratung in sonderpädagogischen Handlungsfeldern kann die Kooperative Gruppenberatung in verschiedenen Arbeitsbereichen hilfreich sein, z. B.:

– *Kooperative Supervision in und mit Lehrergruppen an allgemeinbildenden Schulen.*
In Ergänzung und zur Eingrenzung von kooperativer Beratung einzelner Regelschullehrer bietet die Gruppenberatung o. a. Präventions- und Interventionsmöglichkeiten. Eine kontinuierliche und langfristige kooperative Gruppenberatung stellt über den individuellen Nutzen hinaus ein Innovationsinstrument für eine Schule dar. Durch die stetige berufliche Reflexion und Qualifizierung kann sie zur Weiterentwicklung einer Schule führen.

– *Die Kooperative Beratungsgruppe als berufliche Unterstützung für Sonderpädagogen in allgemeinbildenden Schulen.*
Häufig sind Sonderpädagogen an Regelschulen *Einzelkämpfer*. Oft haben sie auch noch mehrere Schulen zu betreuen. Mangelnder Erfahrungsaustausch, kaum Möglichkeiten zur methodisch-systematischen Reflexion der eigenen Arbeit, geringe gegenseitige Unterstützung, wenig Fortbildung im Bereich Beratung kennzeichnen häufig ihre berufliche Situation. Trotz guter Kontakte zu den Lehrern der betreuten Schulen suchen sie nach

einer „Heimat" *unter Ihresgleichen.* Die kooperative Beratung im Kreise von Fachkollgen kann über das notwendige Zusammengehörigkeits- und Geborgenheitsgefühl die o. a. Ziele von gegenseitiger Beratung und Weiterqualifizierung ermöglichen. Besonders günstig für den fachlichen Aspekt der Gruppenberatung wirkt sich aus, wenn die Gruppenmitglieder aus unterschiedlichen Fachrichtungen kommen.

– *Kooperative Gruppenberatung als ein Element der Zusammenarbeit in Netzwerken.*
Die Zusammenarbeit verschiedener Institutionen wird allerorts angestrebt. Häufig kommt es dabei aber zu Schwierigkeiten. Die Reflexion und Weiterentwicklung erster Ansätze und fortlaufender Arbeit kann mit Hilfe der Kooperativen Gruppenberatung geschehen und zu einem grundlegenden und richtungsweisenden Bestandteil kooperativer Arbeit in einem Netzwerk von sonder- und sozialpädagogischen, psychologischen und medizinischen Einrichtungen werden.

– *Kooperative Gruppenberatung mit Eltern oder Schülern.*
In leicht abgewandelter Form und mit einem nicht so hohen Anspruch an die Handlungskompetenz der Gruppenmitglieder kann die Kooperative Gruppenberatung auch in der Arbeit mit Eltern oder Schülern durchgeführt werden.

– *Kooperative Gruppenberatung in sonderpädagogischen Einrichtungen.*
Nicht zuletzt ist diese Methode der Praxisberatung und -begleitung eine Möglichkeit zur persönlichen und fachlichen Bewältigung des oft schweren Berufsalltags in sonderpädagogischen Einrichtungen. Schulen, Heime bis hin zu Strafanstalten können, wie oben dargestellt, in mehrfacher Hinsicht durch diese kooperative systemische Vorgehensweise profitieren.

Diese verschiedenen Anwendungsfelder im Rahmen einer präventiven, integrativen und kurativen Sonderpädagogik sind auch auf Handlungsfelder anderer schulischer und außerschulischer Berufsgruppen übertragbar, z. B. bei Berufsschullehrern und Sozialpädagogen.

5.3 Formen der Leitung von Gruppenberatung

Die Formen der Gruppenberatung können nach der Art der Leitung der Beratungssitzungen unterschieden werden. Zum einen kann eine Kooperative Beratung in Gruppen von einem von außen kommenden Berater geleitet werden. Diese Person sollte zwar mit dem Berufsfeld der Teilnehmer und Teilnehmerinnen vertraut sein, aber sie ist nicht Mitglied einer der beteiligten Einrichtungen. Diese Distanz zum Beziehungsgefüge der Beteiligten ist notwendig unter anderem um *blinde Flecken*, unreflektierte, routinierte Handlungen und Bewertungen erkennen zu können. Ein von außen kommender Berater kann eine Stellung in einer Praxisgruppe einnehmen, die es wesentlich erleichtert, zwar persönlich, aber doch neutral, die notwendigen Regeln und Umgangsformen des Beratungsprozesses zu initiieren bzw. zu vermitteln und Verstöße zu besprechen.

Die zweite Art der Leitung von Gruppenberatung ist die kollegiale Form. Das heißt, ein Teilnehmer der Gruppe übernimmt mit Unterstützung der anderen Gruppenmitglieder die Rolle des Beraters. Die Leitung der Gruppenberatung wird meist von Sitzung zu Sitzung gewechselt. Diese Art von Gruppenberatung setzt allerdings ein fortgeschrittenes Stadium in der Kommunikations-, Kooperations- und fachlichen Handlungskompetenz bei den Teilnehmerinnen und Teilnehmern einer Gruppe voraus. Eine derartige Voraussetzung ist aber nur selten in einer Gruppe vorhanden, sie muß erst durch einen Lernprozeß geschaffen werden. Sinnvollerweise geht eine entsprechende Fortbildung der Teilnehmer einer kooperativen Gruppensupervision voraus.

Eine Vorgehensweise, die sich sehr gut bewährt hat, ist der Übergang von einer Gruppenberatung mit einem qualifizierten, erfahrenen und von außen kommenden Fortbildner und Supervisor hin zu einer kollegialen Gruppenberatung.

Eine Gruppenberatung, bei der die Reflexion der Arbeitsweise der Teilnehmer von einem externen oder internen Berater geleitet wird, kann auch als Supervision bezeichnet werden. Berufliches Handeln der einzelnen Gruppenmitglieder wird aus einer gewissen Distanz betrachtet und analysiert.

Eine Gruppenberatung, bei der Gruppenmitglieder die Rolle des Beraters übernehmen, wird auch als *Intervision* bezeichnet. Die Beratung findet zwischen ihnen und wechselseitig statt.

Die Unterscheidung von Supervision und Intervision hat sich noch nicht allgemein durchgesetzt, sie ist auch nicht immer eindeutig anwendbar.

Bei der Kooperativen Gruppenberatung kommen im Regelfall sowohl die externe Form der Beratung (Supervision) als auch die interne Form der Beratung (Intervision) und Mischformen zum Tragen, ferner die externe und interne Fortbildung.

Im Folgenden wird die Entwicklung von einer extern zu einer intern geleiteten Kooperativen Gruppenberatung dargestellt.

5.4 Von einer extern zu einer intern geleiteten Kooperativen Gruppenberatung

Das Ziel einer Kooperativen Gruppenberatung sollte sein, daß ihre Teilnehmer selbständig und eigenverantwortlich die Beratung durchführen. In manchen Fällen ist allerdings eine extern geleitete Kooperative Gruppenberatung eher angezeigt, z. B. bei bestimmten Inhalten und Teilnehmerkonstellationen, wie Teamkonflikten, oder bei Eltern- und Schülergruppen. Bei den letztgenannten Gruppen würde die Verselbständigungsphase (intern geleitete Beratung) in den meisten Fällen eine Überforderung der Teilnehmer darstellen.

Die Entwicklung von einer extern zu einer intern geleiteten Kooperativen Gruppenberatung geschieht folgendermaßen:

1. *Bildung einer Gruppe zur Kooperativen Supervision*
2. *Fortbildungsphase*
3. *Kooperative Gruppenberatung mit einem externen Berater*
4. *Interne Kooperative Gruppenberatung.*

1. Bildung einer Gruppe zur Kooperativen Supervision

Ziel: Durch Informationen, Einführung und verbindliche Vereinbarungen soll eine Gruppe von Mitgliedern zur Kooperativen Gruppenberatung gebildet werden.

Hinweise und Vorgehen: Über unterschiedliche Formen der Bekanntgabe (Ausschreibung, Konferenz, direktes Ansprechen etc.) wird die Bildung einer Gruppe zur Kooperativen Gruppenberatung angekündigt. Wichtig ist, daß den Interessenten vor Beginn der ersten Sitzung die wesentlichen Inhalte und Bedingungen dieser Arbeitsform mitgeteilt werden: Adressatenkreis, Ziel, Inhalte, Arbeitsformen, Dauer, Ort, erstes Treffen, Leitung, Träger, evtl. Kosten, Meldefrist.

Folgende Voraussetzungen und Bedingungen sollten bei der Bildung einer solchen Fachgruppe beachtet werden:

Gruppengröße
Die Größe der Gruppe sollte zwischen fünf und acht Teilnehmern bei einem Leiter (Fortbildner und Supervisor) betragen. Wird eine größere Anzahl von Mitgliedern zugelassen, so entstehen insbesondere für die interne, selbständig durchgeführte Gruppenberatung erhebliche Nachteile. Vertrautheit, Arbeitsfähigkeit und Verbindlichkeit sind schwerer zu erreichen und zu erhalten. Mit dem Einbringen eigener Anliegen (Probleme, Projekte etc.) müssen Teilnehmer oft lange warten; es sei denn, man trifft sich jede Woche. Die Motivation läßt bei ungünstiger Gruppengröße und sehr unterschiedlichen Erwartungen erheblich nach. Ein (fortlaufender) Drop-out, oft positiv als „Gesundschrumpfen" formuliert, ist zu hinterfragen und auch für die Bildung von weiteren Supervisionsgruppen sehr hinderlich.

Persönliche Voraussetzung
Es ist den Interessenten und später den Gruppenmitgliedern eindeutig mitzuteilen, daß es sich bei der Kooperativen Gruppenberatung (Kollegialen Praxisberatung) um keine Therapie oder Therapiesupervision handelt. Gegebenenfalls sind Hinweise für entsprechende Möglichkeiten andernorts zu geben.

Den Teilnehmerinnen und Teilnehmern sollte ferner mitgeteilt werden, daß eine Bereitschaft zum Lernen und Erproben neuer, teils ungewohnter Methoden und das Einbringen eigener Problemereignisse und Arbeitsvorhaben eine notwendige Voraussetzung für eine Teilnahme ist, ebenso das Interesse an der Reflexion der im Arbeitsalltag angewendeten Handlungskompetenzen.

Die Zusicherung der Verbindlichkeit bei Terminabsprachen, der regelmäßigen Teilnahme und dem vertraulichen Umgang mit Informationen ist ebenfalls eine unabdingbare Voraussetzung. Nach der Einführungssitzung, d. h. spätestens vor Beginn der Fortbildungsphase, muß jeder Teilnehmer die endgültige Entscheidung über seinen Verbleib und seine

Mitarbeitsbereitschaft bekanntgeben. „Voyeure" sind arbeitshemmend und daher nicht zulässig.

Häufigkeit und Ort der Gruppensitzungen
Bei einer Gruppengröße von sechs Teilnehmern sollte die Frequenz der Treffen mindestens alle drei bis vier Wochen betragen. Größere Abstände erschweren die erforderliche Vertrautheit und Arbeitsintensität und führen zu ständigen Beziehungserklärungen. Um Zeit und Fahrtkosten möglichst gering zu halten, sollten die Gruppentreffen auf lokaler oder regionaler Ebene stattfinden. Der Raum für die Gruppenberatungen ist so zu wählen, daß eine distanzierte Reflexion der Arbeit der Teilnehmer möglich ist. Schulen eignen sich daher oft für Lehrergruppen weniger, eher Räume in Beratungsstellen, in Lernwerkstätten etc. Räume in Gaststätten oder in Wohnungen können leicht eine Debattier- oder Stammtisch-Atmosphäre auslösen, was dem Arbeitscharakter von Kooperativer Gruppenberatung zuwiderläuft.

Der Sitzungsraum sollte, wie gesagt, eine Atmosphäre des Wohlbefindens und der Arbeitslust hervorrufen. Dazu sollten außer den genannten örtlichen Bedingungen die Raumbeschaffenheit und die Raumgestaltungsmöglichkeiten beachtet werden, z. B. gute Lichtverhältnisse, bequemes Gestühl, ausreichende Raumgröße, Möglichkeiten zum Aufhängen von Wandzeitungen. Ein weiterer Raum für gelegentliche Kleingruppenarbeit ist hilfreich.

Vorgehensweise
Die *erste Gruppensitzung* der Kooperativen Beratung dient der Einführung. Sie umfaßt im Allgemeinen einen halben Tag mit etwa vier Arbeitsstunden. (Ein ganzer Tag oder zwei halbe Tage sind notwendig, wenn die fachliche Einführung und eine Beziehungsklärung der Gruppenmitglieder nicht ausreichend gesichert ist; dieses hängt aber vor allem von der Art und Anzahl der Teilnehmer ab sowie von noch ungeklärten Voraussetzungen und Bedingungen).

In der Einführung moderiert der Leiter (Fortbildner oder Supervisor) das Vorstellen und Kennenlernen der Teilnehmer. Ferner stellt er Ziele, Arbeitsformen, Grundlagen, Möglichkeiten und Grenzen der Kooperativen Gruppenberatung dar. Ein besonderes Augenmerk sollte auf die erste Darstellung der grundlegenden Sichtweisen und Prinzipien der Kooperativen Beratung, wie Menschenbild, (siehe Kapitel 3.1) gelegt werden. Dieses sollte in einer den Teilnehmern gemäßen sprachlichen Formulierung und in anschaulicher Weise mit wenigen, einfachen graphischen Darstellungen und Beispielen aus dem Alltag geschehen.

In einer weiteren Phase der Einführung ist es didaktisch und methodisch sinnvoll, wenn der Leiter die Vorgehensweise der Kooperativen Gruppenberatung erläutert und anschließend demonstriert. Eine Videoaufzeichnung einer exemplarischen Gruppensitzung kann zwar methodisch gelungener sein, sie schafft aber nicht die notwendige Atmosphäre des Vertrauens zum Leiter und unter den Teilnehmern, wie es durch reales Handeln möglich ist.

Im letzten Teil der Einführung werden die noch nicht geregelten Voraussetzungen und Bedingungen zur Durchführung Kooperativer Gruppenberatung (s. o.) vereinbart. Diese Organisations- und Verhaltensregeln (Verbindlichkeit, Vertraulichkeit, Bemühen um einfühlendes Verstehen, Akzeptanz und Echtheit, Verantwortung etc.) werden schriftlich festgehalten (ggf. an einer Wandzeitung). Die Gruppenmitglieder erklären, ob sie diesen Vereinbarungen zustimmen können. Dieser Vertrag wird den Teilnehmern übergeben oder zugesandt, die an der Fortbildung und an den anschließenden Gruppensitzungen zur Kooperativen Beratung teilnehmen wollen.

Die Bedeutung all dieser Modalitäten ist nicht zu unterschätzen. Die vereinbarten Bedingungen können die Arbeit in der Fortbildung und Beratung entscheidend beeinflussen. Sicherlich können während der folgenden Sitzungen noch Bedingungen ergänzt oder verändert werden; Unklarheiten und Mißverständnisse darüber stören den Beratungsprozeß unnötig. Das Anerkennen und Mittragen von Organisations- und Verhaltensregeln sowie der Grundlagen der Kooperativen Beratung sind ein tragfähiges Fundament für ein erfolgreiches persönliches und fachliches Lernen und Wachsen (Weiterentwickeln).

2. Fortbildungsphase

Ziel: Die Teilnehmer sollen die Grundlagen und Methoden der Kooperativen Gruppenberatung erlernen und anwenden.

Hinweise und Vorgehen: Gemäß dem Ziel Kooperativer Gruppenberatung, die Methode im Kreise der Gruppenmitglieder selbständig zu praktizieren, werden die Teilnehmer fortgebildet.

Diese Fortbildung sollte als Kompaktveranstaltung durchgeführt werden. Sie umfaßt drei aufeinanderfolgende Tage oder – wenn nicht anders möglich – mindestens zwei anderthalbtägige Seminare, die keinesfalls mehr als drei Wochen auseinanderliegen sollten. Durch diese Kompaktform wird die notwendige Vertrauensbildung erleichtert und gefördert, und die Schritte und Methoden der Kooperativen Beratung können in ihren zusammenhängenden Prozessen und Bezügen gelernt und geübt werden. Der Fortbildner versucht gemeinsam mit den Teilnehmern ein Arbeitsklima zu schaffen, das ermöglicht, personenzentriert und aufgabenorientiert zu lernen. Die Inhalte der Kooperativen Beratung (siehe Kap. 4) werden in einer bestimmten didaktischen und methodischen Abfolge vermittelt und gelernt:

– über die Inhalte eines Beratungsschritts wird *informiert*,
– die Vorgehensweise wird *dokumentiert*,
– von den Teilnehmern *geübt*
– und *reflektiert*.

Bei dieser Fortbildung ist es, ebenso wie bei der Beratung, von außerordentlicher Wichtigkeit, daß den Teilnehmern deutlich und sinngebend wird, daß es weniger um das Beherrschen von Techniken geht, sondern vor allem um gelebte Haltungen, in Gedanken, Gefühlen und im Verhalten verwirklichte Sichtweisen der Kooperativen Beratung.

Falls die Teilnehmer die Form der Einzelberatung noch nicht erlernt und angewendet haben, so wird zunächst diese grundlegende Form vermittelt und erfahren. Im zweiten Teil der Fortbildung wird dann die Kollegiale Praxisberatung geübt. Die Aufgaben, die der Berater und die Ko-Berater bei der Gruppenberatung haben, sind im folgenden Abschnitt beschrieben.

3. Kooperative Gruppenberatung mit externem Berater (Supervision)

Ziel: Die Teilnehmer erlernen die Anwendung der Kooperativen Gruppenberatung im Rahmen des Berufsalltags.

Hinweise und Vorgehen: Der Supervisor und Fortbildner, der auch die vorangegangenen Phasen begleitet hat, leitet drei bis sieben Supervisionssitzungen. Da diese Sitzungen auch Lehr- und Anschauungsmedium für die spätere interne Kooperative Gruppenberatung sind, werden nach den Supervisionssitzungen eine Phase der didaktischen und methodischen Reflexion und eine Prozeßanalyse durchgeführt. So lernen die Teilnehmer durch Modelllernen und Reflexion die methodische Vorgehensweise und den Umgang mit Gruppenprozessen besser handhaben.

Um den Sitzungen der Kooperativen Gruppenberatung einen möglichst günstigen Arbeitsrahmen zu geben, sind außer den genannten räumlichen, zeitlichen etc. Voraussetzungen und Bedingungen folgende Strukturen zu setzen:

Die organisatorische und inhaltliche Struktur einer jeden Sitzung umfaßt die Phasen:

– Zusammenfinden und Austausch
– Nachgehende Beratung
– Kollegiale Beratung
– Vorbereitung der nächsten Sitzung.

Der Ablauf dieser strukturierten Sitzung wird organisatorisch sehr gestützt, wenn sich für die anfallenden unterschiedlichen Aufgaben einzelne Gruppenmitglieder besonders verantwortlich fühlen (Rollenverteilung und -klarheit).

Erstens gibt es die Rolle des *Gastgebers.* Er sorgt einerseits für einen ungestörten und möglichst gemütlichen Raum, für Getränke und die Medien (Flip-Chart, Filzstifte, Papier etc.) und achtet andererseits auf die Einhaltung der vereinbarten Zeiten und Regeln. Der *Gastgeber* eröffnet und beendet eine Sitzung und leitet von einer zur nächsten Phase über.

Zweitens kann ein *Protokollant* ernannt werden. Er notiert die Abläufe und Ergebnisse der Sitzung. Das Protokoll dient der Beratungsgruppe als Erinnerungs- und Kontrollhilfe und als Dokumentation. Sowohl über diese Niederschriften als auch über alle sonstigen Inhalte und Abläufe der Sitzungen haben die Teilnehmer Verschwiegenheit zu vereinbaren und zu wahren.

Bei diesen beiden mehr formalen Aufgaben hat es sich als nützlich erwiesen, nach einem Reihum-Verfahren anhand einer Teilnehmerliste vorzugehen.

Die dritte Aufgabe betrifft die Rolle des *Hauptberaters*. Er leitet die Phase der *Kollegialen Praxisberatung* und bei der darauffolgenden Sitzung die *Nachgehende Betreuung*. Er und die Ko-Berater bilden das Beratungsteam.

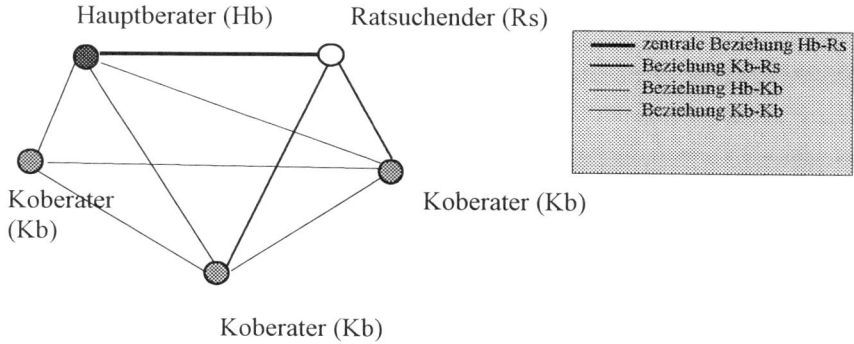

Abb. 13: Rollenverteilung in der Kooperativen Gruppenberatung

Einer der Ko-Berater ist gleichzeitig Protokollant. Die *Ko-Berater* unterstützen den Hauptberater bei seiner Arbeit. Die Kooperation zwischen Hauptberater und den Ko-Beratern geht von beiden aus, auch wenn es der Hauptberater ist, der durch den Ablauf der weitgehend vorgegebenen Grundstruktur (Problemlösemodell, siehe Kapitel 4.3) führt. Eine gute Zusammenarbeit zwischen den Beratern ist für das Wohlbefinden und den Erfolg einer Kooperativen Gruppenberatung entscheidend.

Die in der Abbildung 13 dargestellte Sitzordnung ist nicht willkürlich, sondern basiert auf Erfahrungen. Neben dem Berater sitzt das Gruppenmitglied, das Rat sucht. Hier sollte die stärkste Beratungsbeziehung bestehen. Auf der anderen Seite des Hauptberaters sitzt der Ko-Berater, der gleichzeitig Protokollant ist. Es folgen im Halbrund die anderen Ko-Berater. Im Folgenden wird exemplarisch der Verlauf der Sitzung dargestellt:

Zusammenfinden und Austausch
Zeit: ca. 20 Minuten, Leitung: Gastgeber. In der Eingangssituation wird Raum gegeben, sich äußerlich und innerlich als Gruppe zusammenzufinden.

Bei einer Tasse Kaffee oder Tee werden persönliche Erlebnisse und andere Neuigkeiten ausgetauscht. Diese Art Psychohygiene wird als sehr angenehm und wichtig erlebt und beugt späteren Störungen durch Seitengespräche weitgehend vor. Da keiner Neuigkeiten verpassen möchte, ist außerdem pünktliches Erscheinen gesichert.

Nachgehende Betreuung
Zeit: 20 bis 30 Minuten, Leitung: Hauptberater. Der Hauptberater der letzten Sitzung bittet seinen Ratsuchenden, von dessen Versuch der Problembewältigung zu berichten. Danach äußern sich die Teilnehmer dazu und loben auch Ansätze der Verwirklichung. Ein „Wehklagen" über Mißerfolge und die widrigen Umstände ist zu vermeiden. Gegebenenfalls werden andere Handlungswege und weitere Unterstützungen geplant. Auch andere Teilnehmer können über den Stand ihrer Problembewältigung berichten. In dieser Phase soll aber keine neue (vollständige) Praxisberatung erfolgen.

Kollegiale Beratung
Zeit: 100 bis 120 Minuten, Vorbereitung: In dieser Phase der Kooperativen Gruppenberatung übernimmt zunächst der externe Supervisor die Rolle des Hauptberaters. Er bittet die Teilnehmer, Probleme ihres Berufsalltags zu benennen. Falls, was häufiger vorkommt, mehrere Gruppenmitglieder ihre Arbeitssituation zum Gegenstand der Beratung machen möchten, wird nach dem Kriterium *Dringlichkeit* entschieden. Wenn möglich, einigen sich die Betroffenen, wer in dieser Sitzung sein Problem vorträgt bzw. wer in der nächsten Sitzung dazu Gelegenheit bekommt.

Durchführung: Im Grundsatz kommen Struktur und Methoden der Kooperativen Einzelberatung, wie sie im Kapitel 4 beschrieben sind, auch in der Kooperativen Gruppenberatung zur Anwendung. Ergänzend dazu gilt folgende strukturierte Vorgehensweise:

- Der Hauptberater leitet die jeweilige Beratungsphase. Er erläutert die gesamte Vorgehensweise und nennt das Ziel der Phase und stellt die Eingangsfrage.

- Der Ratsuchende beantwortet diese.

- Gegebenenfalls stellt der Hauptberater eine Nachfrage oder eine weiterführende, vertiefende Frage.

– Nun stellen die Ko-Berater Verständnis-, vertiefende oder differenzierende Fragen bzw. sie geben entsprechende Impulse. Es geht hier um Fragen und Impulse, die der Hauptberater noch nicht gestellt hat, auf die der Ratsuchende wahrscheinlich noch nicht gekommen ist, die das Problem von einer anderen Seite beleuchten und strukturieren. Diese sollen dem Ratsuchenden helfen, seine problematische Situation zu reflektieren und sie als einen Entwicklungsprozeß und Vernetzung von Systemen zu sehen. Um die Möglichkeit des Übergangs der Fragen und Impulse des Hauptberaters zu denen der Ko-Berater zu verdeutlichen, kann es sinnvoll sein, Signale (z. B. ein Handzeichen) zu vereinbaren, die anzeigen, daß der Hauptberater seinen Gedankengang beendet hat. Haupt- und Ko-Berater müssen sich bei ihrer Arbeit gegenseitig vertrauen. Die Ko-Berater sollten sich darum bemühen, daß der rote Faden, die Strukturierung etc. in der Hand des Hauptberaters ist und bleibt. Ein Machtkampf sollte unbedingt vermieden werden. Ansätze dazu sind in der späteren Analyse des Beratungsprozesses zu klären. Auch die zahlenmäßige Überlegenheit der Berater darf der Ratsuchende nicht als bedrohlich erleben, sondern als hilfreich für die Klärung seines Problems. Er muß immer die Gelegenheit haben, mitteilen zu können, wenn ihm etwas zu viel wird oder zu tief geht.

– Der Hauptberater faßt die Ergebnisse der jeweiligen Beratungsphase zusammen, führt einen Dialog-Konsens mit dem Ratsuchenden durch und leitet zur nächsten Phase über.

– Am Ende der Beratung kann eine Sharing-Phase durchgeführt werden. Der Hauptberater bittet alle Teilnehmer, die das gleiche oder ein ähnliches Problem bzw. die ähnliche Gefühle der Betroffenheit schon einmal erlebt haben, dieses dem Ratsuchenden mitzuteilen.

Nachbereitung: Nach Abschluß der Beratung bittet der Hauptberater den Ratsuchenden zu verbalisieren, wie es ihm während der Beratung gegangen ist und wie er sich jetzt fühlt. Der Gastgeber fordert alle Gruppenmitglieder auf, dem Hauptberater Feedback zu geben. Dabei sollen sie dem Berater rückmelden, was sie positiv beeinflußt und vorangebracht hat und was sie innerhalb der Phasen als erschwerend erlebt haben. Besonders hilfreich ist es, wenn die Bewertungen an konkret erlebten Verhaltensweisen nachvollziehbar gemacht werden. Eine Analyse des kooperativen Beratungsprozesses kann ebenfalls durchgeführt werden. Hierzu sind eine Tonaufzeichnung der Beratung und/oder ein Analysebogen recht hilfreich.

Vorbereitung der nächsten Sitzung
Zeit: ca. 10 Minuten, Leitung: Gastgeber. Die letzte Phase der Kooperativen Gruppenberatung gilt der Vorbereitung der nächsten Sitzung. Die Rollen des Gastgebers und ggf. des Protokollanten werden festgelegt und weitere organisatorische Dinge geklärt und abgesprochen.

Nach etwa zwei bis vier Sitzungen der Kooperativen Gruppenberatung, in der der externe Berater supervidierte, ist es angebracht, daß dieser ganz oder phasenweise die Leitung einem Gruppenmitglied übergibt. Am Ende der fünf bis sieben Sitzungen mit dem externen Supervisor als Hauptberater sollten so die meisten Teilnehmer das Gefühl bekommen, daß sie „auf eigenen Beinen stehen" können.

4. Interne Kooperative Gruppenberatung

Ziel: Die Gruppenmitglieder führen die Kooperative Gruppenberatung selbständig und in eigener Verantwortung durch.

Hinweise und Vorgehen: Berater, die in der beschriebenen Weise ausgebildet wurden, waren fast immer in der Lage, nach drei bis fünf Sitzungen mit externer Leitung die Kooperative Gruppenberatung selbständig und in eigener Verantwortung durchzuführen.

Der externe Berater wurde nur in bestimmten Abständen beratend hinzugezogen. Die interne Kooperative Gruppenberatung entspricht in Ziel und Vorgehensweise der externen Form. Lediglich die Rolle des Hauptberaters, die jetzt von einem Gruppenmitglied wahrgenommen wird, muß neu bestimmt werden. Das kann auf unterschiedliche Weise geschehen:

Version A: Die Gruppe hat vereinbart, daß die Rolle des Hauptberaters reihum übernommen wird. Der so ernannte Hauptberater leitet die Festlegung des Arbeitsgegenstands, d. h. er bittet die Gruppenmitglieder, eigene Probleme zu nennen. Möchten mehrere Teilnehmer ein Anliegen einbringen, so wird nach dem Kriterium *Dringlichkeit der Bearbeitung eines Problems* oder, falls dieses nicht vorhanden ist, nach dem Kriterium *Interesse der Teilnehmer an einem Problem oder Thema* entschieden.

Version B: Der Gastgeber ermittelt wie in Version A das Arbeitsthema. Der Ratsuchende wählt sich aus den Gruppenmitgliedern einen Hauptberater.

Version C: Jedem Teilnehmer wird nach einem vereinbarten Turnus eine kollegiale Beratung reserviert, in der er seine Arbeitssituation darstellen und sein Problem (Fragestellung) bearbeiten kann. Der Hauptberater ist entweder durch eine festgelegte Reihenfolge bestimmt oder der Ratsuchende wählt sich seinen Hauptberater. Insgesamt ist darauf zu achten, daß im Laufe mehrerer Sitzungen jedes Gruppenmitglied die Chance bekommt, seine Arbeitsweise und sein Anliegen zum Gegenstand der Beratung zu machen. Eine geführte Liste über die wahrgenommenen Aufgaben und Beratungen ist oft eine Hilfe.

Eine gelegentliche Supervision durch einen externen Berater ist kein Zeichen der Schwäche oder des Mißerfolgs einer Gruppe, sondern sie bietet die Möglichkeit zur Reflexion (i. S. von Erkennen und Klären „blinder Flecken" im kommunikativen und fachlichen Bereich) und zur weiteren gruppeninternen Fortbildung. Da die geschulten und supervidierten Teilnehmer einer Kooperativen Gruppenberatung ihre Wissens- und Handlungskompetenz in ihren Schulen oder Einrichtungen direkt oder indirekt weitervermitteln, ist die zeitliche und finanzielle Investition in eine Kollegiale Gruppensupervision auch ein Beitrag für eine schulinterne Fortbildung und zur Weiterentwicklung der jeweiligen Einrichtung.

5.5 Weiterentwicklung und Transfer

Die Kooperative Beratung hat sich als Einzelberatung und als Kollegiale Gruppenberatung weiterentwickelt.

Zum einen wird diese Methode auch angewendet in der Fallbesprechung, beim Erstellen von Förder(Entwicklungs-)plänen, in der Netzwerkarbeit und zur Teamberatung. Zum anderen hat die Kooperative Beratung Eingang gefunden in der weiteren Arbeit mit Schülern. In wöchentlichen Abschlußrunden wird der Verlauf der Woche durch die Schüler reflektiert, Rückmeldungen werden gegeben, Probleme beschrieben, Lösungen gesucht, Planungen vorgenommen und später Umsetzungen kontrolliert. Dieser Schülerrat wird zwar von einer Lehrkraft eingeführt und begleitet, die Schüler jedoch übernehmen zunehmend selbst die Leitung. Dabei lernen die Schüler auch demokratische Umsetzungsformen, Selbständigkeit, Verantwortung und adäquate Problemlösekompetenzen.

Ferner gibt es Berichte von Lehrkräften über den Transfer dieser Methode in die Wochenplanarbeit. Auch im Rahmen von Mediation findet die Kooperative Beratung Anwendung.

Mit der Verbreitung dieser kooperativen, reflektierenden und problem-lösungsorientierten Beratung hat sich gezeigt, dass nach der Verinner-lichung der Grundlagen (Menschenbild, Beratungsansatz), nach Erwerb der methodischen Kompetenzen und nach Erfahrungen in der Praxis viele Beraterinnen und Berater diese Methode auch auf andere Arbeitsgebiete und auf die eigene Psychohygiene übertragen haben.

In diesem Sinne wünsche ich den Leserinnen und Lesern dieses Buches Freude und Ausdauer beim Erlernen und Anwenden der Kooperativen Beratung und Kreativität beim Transfer in neue Aufgabenfelder.

Rückmeldungen und Informationen zu Ausbildungskursen können über den Verlag an mich weitergegeben werden.

6. Literaturverzeichnis

ALLEN, B. W. & RYAN (1972): Microteaching. Weinheim & Basel: Beltz,

ALTERHOFF, G. (1983): Grundlagen klientenzentrierter Beratung. Stuttgart: Kohlhammer

ANDERSEN, T. (Hrsg.) (1990): Das reflektierende Team. Dialoge und Dialoge über die Dialoge. Dortmund: Verlag modernes Leben

ANDRIESSENS, E. (1980): Aufgaben und Selbstverständnis von Erziehungsberatung im Wandel der Entwicklung. Jugendwohl, (6. Jg.), 408-423

APPELHANS, P. (1991): Mobile Beratung und Unterstützung Sehgeschädigter in Schleswig-Holstein. Aufgaben einer Schule ohne Schüler. In: GRAF, W. & HUBER, H. M. (Hrsg.): Stützunterricht bei blinden und sehbehinderten Kindern. Eine Herausforderung für die Sonderschule und die öffentliche Schule. Schweizerische Zentralstelle für Heilpädagogik (SZH), Luzern, 1991, 61-67

ARBEITSGRUPPE SCHULÄMTER/JUGENDAMT (1991): Entwurf eines Konzepts zur Errichtung eines Zentrums für Erziehungshilfe mit Schule als Beratungs- und Förderzentrum. Staatl. Schulamt für die Stadt Frankfurt a. M.

ASANGER, R. & WENNINGER, G. (1988): Handwörterbuch der Psychologie. München, Weinheim: Psychologie Verlags Union

ASCHENBACH, G. (1984): Erklären und Verstehen in der Psychologie: Zur methodischen Grundlegung einer humanistischen Psychologie. Bad Honnef: Bock und Herchen

AURIN, K., GAUDE, P. & ZIMMERMANN, K. (Hrsg.) (1973): Bildungsberatung. Frankfurt a. M.: Diesterweg

AURIN, K., REICHENBECKER, H., STARK, G. & TODT, E. (Hrsg.) (1977): Beraten in der Schule. Analysen-Methoden-Strategien. Braunschweig: Westermann

AURIN, K., STARK, G. & STOBBENBERG, E. (1977): Beratung im Schul-bereich. Weinheim: Beltz

BACH, H. (1989): Verhaltensstörungen und ihr Umfeld. In: BACH, H. u. a. (Hrsg.): Handbuch der Sonderpädagogik. Berlin: Edition Marhold, 3-49

BACHMAIR, S., FABER, J., HENNIG, C., et.al. (1989): Beraten will gelernt sein. Weinheim: Psychologie Verlags Union 4. Aufl.

BÄRSCH, W. (1985): Die Beziehung zwischen Lehrer und Schulpsychologen als Fundament der Beratung im Bildungswesen. In: GREUER-WERNER, M., HELLFRITSCH, L. & HEYSE, H. (Hrsg.): Berichte aus Schulpsychologie und Bildungsberatung. Bonn: Deutscher Psychologen Verlag

BARRES, E., BASLER, E. & DIENER, K. (1990): Beratungslehrer: Beratungstätigkeit und Arbeitssituation. Opladen: Leske & Budrich

BARRETT-LENNARD, D. T. (1962): Dimensions of therapist response as causal factors in therapeutic change. Psychol. Monogr. Nr. 562

BARTH, A.-R. (1990): Burnout bei Lehrern. Eine empirische Untersuchung. Dissertation an der Universität Nürnberg-Erlangen

BECK, M., BRÜCKNER, G. & THIEL, H.-U. (Hrsg.) (1991): Psychosoziale Beratung. Tübingen: Deutsche Gesellschaft für Verhaltenstherapie

BECKER, G. E. & GONSCHORECK, G. (1989): Kultusminister schicken 55.000 Lehrer vorzeitig in Pension. Pädagogik, 41. Jg., H. 6, 16-23

BENKMANN, K. H. (1984): Verhaltensstörungen als pädagogisches Problem. Hagen: Fernuniversität

BENKMANN, K. H. (1989): Pädagogische Erklärungs- und Handlungsansätze bei Verhaltensstörungen in der Schule. In: BACH, H. u. a. (Hrsg.): Handbuch der Sonderpädagogik. Berlin: Edition Marhold, 71-119

BENZ, E. & CAROLI, W. (1977): Beratung im Kontext der Schule. Ravensburg: Otto Maier Verlag

BIERMANN-RATJEN, E., ECKERT, J. & SCHWARTZ, H. J. (1986): Gesprächspsychotherapie: Verändern durch Verstehen. Stuttgart: Kohlhammer

BOMMERT, H. (1977): Grundlagen der Gesprächspsychotherapie. Theorie, Praxis, Forschung. Stuttgart: Kohlhammer

BOMMERT, H. & PLESSEN, U. (1978): Psychologische Erziehungsberatung. Stuttgart: Kohlhammer

BRANDSTÄDTER, J. & GRÄSER, H. (1985): Entwicklungsberatung unter dem Aspekt der Lebensspanne. Göttingen: Hogrefe

BRÜCKERHOFF, A. (1982): Vertrauen. Versuch einer phänomenologisch-ideographischen Näherung an ein Konstrukt. Unveröffentl. Dissertation. Westfälische Wilhelms-Universität Münster

BUNGARD, W. (1985): Zur Problematik von Reaktivitätseffekten bei der Durchführung eines Assessment-Centers. Universität Mannheim: Köln-Mannheimer Beiträge zur Wirtschafts- und Organisationspsychologie.

BUROW, O.-A. (1992): Persönliche und institutionelle Wahrnehmungsroutinen erkennen. Trainings- und Beratungskonzepte der Gestaltpädagogik. In: PALLASCH, W., MUTZECK, W. & REIMERS, H. (Hrsg.): Beratung – Training – Supervision. Weinheim: Juventa, 133-142

CONRAD, G. & PÜHL, H. (1985): Team-Supervision. Gruppenkonflikte erkennen und lösen. Berlin: Edition Marhold, 3. Aufl.

CRANACH, M. von, KALBERMATTEN, U., INDERMÜHL, K. GAGLER, B. (1980): Zielgerichtetes Handeln. Bern: Huber

CUNNINGHAM, J. M. & PETERS, H. J. (1973): Counseling Theories. Columbus

DALIN, P. (1986): Organisationsentwicklung als Beitrag zur Schulentwicklung. Paderborn: Schöningh

DANN, H. D. (1989): Was geht im Kopf des Lehrers vor? Lehrerkognitionen und erfolgreiches Handeln. Psychologie in Erziehung und Unterricht, 36 Jg., 86-90

DEROW, R. (1987/88): Beratung, Beratungspsychologie. In: DORSCH, F. u. a. (Hrsg.): Psychologisches Wörterbuch. Bern: Huber

DEUTSCHER BILDUNGSRAT (1970): Strukturplan für das Bildungswesen. Stuttgart: Klett

DICKHAUT, H. H. & LUBAN-PLOZZA, B. (1992): Balintarbeit. In: PÜHL, H.: Handbuch der Supervision. Berlin: Edition Marhold, 302-322

DIE MINISTERIN für Bildung, Wissenschaft, Jugend und Kultur des Landes Schleswig-Holstein (1990): Schleswig-Holsteinisches Schulgesetz. Kiel

DIETRICH, G. (1983): Allgemeine Beratungspsychologie. Göttingen: Hogrefe

DIETRICH, G. (1987): Spezielle Beratungspsychologie. Göttingen: Hogrefe

DÖRNER, D. (1985): Verhalten, Denken und Emotionen. In: ECKENSBERGER, L. H., & LANTERMANN, E. D. (Hrsg.): Emotion und Reflexivität. München: Urban & Schwarzenberg, 157-181

DROSDOWSKI, G. & GREBE, D. (1963): Duden. Etymologie. Mannheim: Bibliographisches Institut

EGAN, G. (1990): Helfen durch Gespräch. Weinheim: Beltz

ELBING, E. & HUBER, U. (1992): Supervision. Programmatik und Alltagsrealität. München: Ars Una Verlagsgesellschaft

FAULSTICH-WIELAND, H. (1978): Konzept und Konzeptmangel der Beratung im Schulbereich? Psychologie in Erziehung und Unterricht, 25. Jg.

FEGER, H. & GRAUMANN, C. F. (1983): Beobachtung und Beschreibung von Erleben und Verhalten. In: FEGER, H. & BREDENKAMP, J. (Hrsg.): Enzyklopädie der Psychologie. Datenerhebung. Göttingen: Hogrefe

FENGLER, J. (1992): Helfen macht müde. Zur Analyse und Bewältigung von Burnout und beruflicher Deformation. München: Pfeiffer

FIEDLER, P. A. (Hrsg.) (1981): Psychotherapieziel Selbstbehandlung – Grundlagen kooperativer Psychotherapie. Weinheim: Edition Psychologie

FLÜGGE, I. (1991): Erziehungsberatung. Göttingen: Hogrefe

FOOKEN, E. (1986): Pädagogische Mißerfolge in psychoanalytischer Sicht. In: AMMANN, W. u. a. (Hrsg.): Pädagogik: Theorie und Menschlichkeit.

Festschrift für Enno Fooken. Oldenburg: Bibliotheks- und Informations-system der Universität Oldenburg, 13-37

FREUDENREICH, D. & MEYER, U. (1992): Supervison und Beratung mit der themenzentrierten Interaktion. In: PALLASCH, W., MUTZECK. W. & REIMERS, H. (Hrsg.): Beratung-Training-Supervision. Weinheim: Juventa, 213-223

FRIEDRICHS, J. (1980): Methoden empirischer Sozialforschung. Opladen: Westdeutscher Verlag

GERSTENMAIER, J. & NESTMANN, F. (1984): Alltagstheorien von Beratung. Opladen: Westdeutscher Verlag

GLASERSFELD, v. E. (1981): Einführung in den radikalen Konstrukti-vismus. In: WATZLAWICK, P.: Die erfundene Wirklichkeit. München & Zürich: Piper & Co.

GOETZE, H. u. a. (1986): Das Disziplinproblem im Spiegel der Geschichte der Pädagogik und aktueller Ansätze. In: AMMANN, W. u. a. (Hrsg.): Pädagogik. Theorie und Menschlichkeit. Festschrift für Enno Fooken. Oldenburg: Bibliotheks- und Informationssystem der Universität Oldenburg, 471-526

GOLLWITZER, P. M., HECKHAUSEN, H. & WEINERT, F. E. (1987): Jenseits des Rubikon: Der Wille in den Humanwissenschaften. Berlin: Springer

GRAUMANN, C. F. (1984): Bewußtsein und Verhalten. Gedanken zu Sprachspielen der Psychologie. In: LENK, H. (Hrsg.): Handlungstheorien interdisziplinär, Bd. 3 II. München: Fink, 547-573

GRAWE, K. (1975): Indikation und spezifische Wirkungen von Verhaltens-therapie und Gesprächspsychotherapie – Eine Untersuchung an pho-bischen Patienten. Bern: Huber

GRAWE, K. u. a. (1990): Die Berner Therapievergleichsstudie: Zusam-menfassung und Schlußfolgerungen. Zeitschrift für Klinische Psycho-logie, Bd. XIX, H. 4, 362-376

GREBER, U. u. a. (Hrsg.) (1991): Auf dem Weg zur „Guten Schule": Schulinterne Lehrerfortbildung. Weinheim: Beltz

GROEBEN, N. (1981): Die Handlungsperspektive als Theorierahmen für Forschung im pädagogischen Feld. In: HOFER, M. (Hrsg.): Infor-mationsverarbeitung und Entscheidungsverhalten von Lehrern. München: Urban & Schwarzenberg, 17-45

GROEBEN, N. (1986): Handeln, Tun, Verhalten als Einheiten einer verste-hend-erklärenden Psychologie. Tübingen: Francke

GROEBEN, N. & SCHEELE, B. (1977): Argumente für eine Psychologie des reflexiven Subjekts. Paradigmawechsel vom behavioralen zum epistemologischen Menschenbild. Darmstadt: Steinkopf

GROEBEN, N. & SCHEELE, B. (1983): Emotion in einer Psychologie über subjektive Theorien. Beitrag zum Symposium: Subjektive Theorien von Lehrern – Probleme ihrer Validierung und Veränderung. Universität Oldenburg

GROEBEN, N., WAHL, D., SCHLEE, J. & SCHEELE, B. (1988): Das Forschungsprogramm Subjektive Theorien. Eine Einführung in die Psychologie des reflexiven Subjekts. Tübingen: Francke

HANKE, B., HUBER, G. L. & MANDL, H. (1976): Aggressiv und unaufmerksam. München: Urban & Schwarzenberg

HARGENS, J. & GRAU, U. (1992): Konstruktivistisch orientierte Supervision. In: PALLASCH, W., MUTZECK, W. & REIMERS, H. (Hrsg.): Beratung – Training – Supervision. Weinheim: Juventa, 232-240

HARRÉ, R. & SECORD, P. F. (1972): The Explanation of Social Behaviour. Oxford: Basil Blackwell

HAUTZINGER, M. (1981): Verhaltensverträge. In: LINDEN, M. & HAUTZINGER, M. (Hrsg.): Psychotherapiemanual. Berlin u. a.: Springer

HAVERS, N. & PETERHOFF, K. (1984): Klassifikation der Verhaltensstörungen. Hagen: Fernuniversität

HECK, G. & SCHURIG, M. (1982a): Einleitung. In: HECK, G. & SCHURIG, M. (Hrsg.): Lehrerfort- und Lehrerweiterbildung. Darmstadt: Wiss. Buchgesellschaft, 1-44

HECKHAUSEN, H. (1975): Naive und wissenschaftliche Verhaltenstheorien im Austausch. In: ERTEL, S., KEMMLER, L., STADLER, M. (Hrsg.): Gestalttheorie in der modernen Psychologie. Darmstadt: Steinkopff

HEISENBERG, W. (1984, amerikanisches Original 1958): Physik und Philosophie. Stuttgart: Hirzel

HERZOG, W. (1984): Modell und Theorie in der Psychologie. Göttingen: Hogrefe

HERZOG, M. & GRAUMANN, C. F. (Hrsg.) (1991): Sinn und Erfahrung. Heidelberg: Asanger

HETTWER, E. & STOBBERG, E. (1985): Beratungslehrer in Nordrhein-Westfalen. Ergebnisse einer Befragung. Neuss. Landesinstitut für Schule und Weiterbildung

HILDESCHMIDT, A. & SANDER, A. (1988): Der ökosystemische Ansatz als Grundlage für Einzelintegration. In: EBERWEIN, H. (Hrsg.): Behinderte und Nichtbehinderte lernen gemeinsam. Weinheim & Basel: Beltz, 220-227

HIPPLER, B. (1987): Mobile und schulische Erziehungshilfe – ein Schulversuch im Regierungsbezirk Schwaben zur Förderung verhaltensgestörter Schüler in Regelschulen. In: MUTZECK, W. & PALLASCH,

W. (Hrsg.): Integration von Schülern mit Verhaltensstörungen. Weinheim: Deutscher Studien Verlag

HIRSCH, A. (1980): Möglichkeiten und Grenzen der psychologischen Beratung. In: SCHMIDTCHEN, S. & BAUMGÄRTEL, F. (Hrsg.): Methoden der Kinderpsychotherapie. Möglichkeiten und Grenzen ihrer Anwendung. Stuttgart: Kohlhammer, 105-117

HIRSCH, A. & SCHMIDTCHEN, A. (1981): Beratung. In: HAUTZINGER, M. (Hrsg.): Psychotherapie-Manual. Berlin: Springer, 22-28

HOFER, M. (Hrsg.) (1981): Informationsverarbeitung und Entscheidungsverhalten von Lehrern. Beiträge zur Handlungstheorie des Unterrichts. München: Urban & Schwarzenberg

HOFFMANN, W. (1988): Konzeption und Wirklichkeit des schulrelevanten Beratungswesens in Bayern. Roderer

HOLTZ, K. L. (1987): Streß, Angst und Burnout im Lehrerurteil. Vierteljahresschrift für Heilpädagogik, 56. Jg., 327-336

HOPF, A. (1981): Lehrer als Sozialpädagogen – Feuerwehr für selbstgelegte Brände? In: Westermanns Pädagogische Beiträge, H. 2, 53-56

IBEN, G. (1981): Verhaltensstörungen als abweichendes Verhalten. Hagen: Fernuniversität

JUNKER, H. (1975): Beratungs- (und Therapie-)formen. In: KEIL, S.: Familien- und Lebensberatung. Stuttgart: Kreuz

JUNKER, H. (1978): Das Beratungsgespräch. München: Kösel

KÄMMERER, A. (1983a): Die therapeutische Strategie „Problemlösen". Theoretische und empirische Perspektiven ihrer Anwendung in der kognitiven Psychotherapie. Münster: Aschendorff

KÄMMERER, A. (1983b): Leitfaden zum Problemlösetraining. Münster: Aschendorff

KÄMMERER, A. (1987): Die therapeutische Strategie „Problemlösen" in der therapeutischen Beratung. In: NEBER, H. (Hrsg.): Angewandte Problemlösepsychologie. Münster: Aschendorff, 287-318

KÄMPFER, H. (1992): Supervision in der Balintgruppe. In: PALLASCH, W., MUTZECK, W. & REIMERS, H. (Hrsg.): Beratung–Training–Supervision. Weinheim: Juventa, 224-231

KAISER, H. J. & SEEL, H.-J. (Hrsg.): (1981): Sozialwissenschaft als Dialog. Die methodischen Prinzipien der Beratungsforschung. Weinheim: Beltz

KAISER, H. J. & SEEL, H.-J. (1982): Beratungsforschung – Ein Konzept dialogischer Forschung in der Psychologie. Zeitschrift für Sozialpsychologie und Gruppendynamik, Jg. 7, H. 1, 17-27

KALBERMATTEN, U. (1984): Selbstkonfrontation. Eine Methode zur Erhebung kognitiver Handlungsrepräsentationen. In: LENK, H. (Hrsg.): Handlungstheorien interdisziplinär, Bd. 3, II. München: Fink, 659-679

KAMINSKI, G. (1981): Überlegungen zur Funktion von Handlungstheorien in der Psychologie. In: LENK, H. (Hrsg.): Handlungstheorien interdisziplinär. Bd. 3, I. München: Fink, 94-121

KARMANN, G. (1987): Humanistische Psychologie und Pädagogik. Bad Heilbrunn: Klinkhardt

KEBECK, G. (1982): Emotion und Vergessen. Aspekte einer Neuorientierung psychologischer Gedächtnisforschung. Münster: Aschendorff

KELBER, M. (1977): Gesprächsführung. Opladen: Leske

KLEBER, E. W. (1980a): Die Zone zwischen Unterricht und Therapie. Zeitschrift für Sonderpädagogik und Therapie. Rheinstetten: Schindele, 29-37

KLEBER, E. W. (1980b): Sonderpädagogische Beratung. Zeitschrift für Heilpädagogik, 31. Jg., H. 5, 297-307

KLEBER, E. W. (1983a): Kooperation von Sonderschullehrern und Grundschullehrern unter einem pädagogischen Beratungskonzept. Zeitschrift Grundschule, 15. Jg, H. 10

KLEBER, E. W. (1983b): Pädagogische Beratung. Weinheim: Beltz

KLEBER , E. W. (1989): Beratung in der Schule (und ihre Probleme). In: GOETZE, H. & NEUKÄTER, H. (Hrsg.): Pädagogik bei Verhaltensstörungen. Handbuch der Sonderpädagogik. Bd. 6, Berlin: Edition Marhold, Spiess, 390-419

KLÜVER, J. (1979): Kommunikative Validierung. In: HEINZE, T. (Hrsg.): Lebensweltanalyse von Fernstudenten. Hagen: Fernuniversität

KLUG, H. P. & SPECHT, F. (Hrsg.) (1985): Erziehungs- und Familienberatung. Aufgaben und Ziele. Göttingen: Verlag für Medizinische Psychologie

KLUGE, F. (1967): Etymologisches Wörterbuch der deutschen Sprache. Berlin: Walter de Gruyter & Co.

KMK: Sekretariat der Ständigen Konferenz der Kultusminister der Länder in der Bundesrepublik Deutschland (1994): Zum Unterricht für Schüler und Schülerinnen mit sonderpädagogischem Förderbedarf. Bonn

KNIGHT-WEGGENSTEIN, A. G. (1973): Die Arbeitszeit der Lehrer in der Bundesrepublik Deutschland. Zürich

KNOLL, J. (1991): Kurs- und Seminarmethoden. Weinheim: Beltz

KÖCKEIS-STANGL, E. (1980): Methoden der Sozialisationsforschung. In: HURRELMANN, K. & ULRICH, D. (Hrsg.): Handbuch der Sozialisationsforschung. Weinheim: Beltz, 321-369

KÖLTZE, H. u. a. (1990): Lehrertraining. Bad Heilbrunn: Klinkhardt

KÖPPEL, K. (1983): Zur psychohygienischen Situation der Wiener Pflicht-schullehrer. Schulhefte Jugend und Volk, H. 1

KORNADT, H.-J. (1985): Zur Lage der Psychologie. In: ALBERT, D. (Hrsg.): Bericht über den 34. Kongreß der DGfP in Wien 1984, Bd. 1, Göttingen: Hogrefe, 5-28

KRAAK, B. (1988): Handlungstheorien und Pädagogische Psychologie. Zeitschrift für Pädagogische Psychologie, 2. Jg., 59-71

KRÜGER, R. T. (1992): Psychodrama als Supervisionsmethode. In: PÜHL, H. (Hrsg.): Handbuch der Supervision. Berlin: Edition Marhold

LAMM, J. & TROMMSDORF, G. (1973): Group versus individual per-formance on tasks requiring ideational proficiency (brainstorming). Europ. J. Soc. Psychol. 3

LATTKE, H. (1973): Das helfende Gespräch. Freiburg i. Br.: Lambertus

LAUCKEN, U. (1974): Naive Verhaltenstheorie. Stuttgart: Klett

LAUCKEN, U. (1982): Aspekte der Auffassung und Untersuchung von Umgangswissen. Schweizerische Zeitschrift für Psychologie, 41. Jg., 87-113

LAUCKEN, U. (1983): Wohin mit den Gefühlen? Eine Antwort aus handlungstheoretischer Sicht. Beitrag zum Symposion „Subjektive Theorien von Lehrern". Universität Oldenburg

LECHLER, P. (1982): Kommunikative Validierung. In: HUBER. G. L. & MANDL, H. (Hrsg.): Verbale Daten. Weinheim: Beltz, 243-258

LEDERLE-SCHENK, U. (1985): Beratung für Schule und Elternhaus: Be-ratungslehrer nach dem „Aachener Modell". In: GREUER-WERNER, M., HELLFRITSCH, L. & HEYSE, H. (Hrsg.): Berichte aus Schul-psychologie und Bildungsberatung. Bonn: Deutscher Psychologen Verlag, 119-125

LENK, H. (1978): Handlung als Interpretationskonstrukt. In: LENK, H. (Hrsg.): Handlungstheorien interdisziplinär, Bd. 2, I. München: Fink, 343-347

MARTIN, L. R. (1980): Beraten und Beurteilen in der Schule. München: Kösel

MARTIN, L. R. (1981): Schulberatung – Anlässe, Aufgaben, Methoden-konzeption. Stuttgart: Klett

MEICHENBAUM, D. W. (1979): Kognitive Verhaltensmodifikation. Mün-chen: Urban & Schwarzenberg

MEYER, E. (Hrsg.) (1991): Burnout und Streß. Praxismodelle zur Be-wältigung. Hohengehren: Schneider

MINSEL, W. R. (1974): Praxis der Gesprächspsychotherapie. Graz: Böhlau

MINSEL, W.-R. & MINSEL, B. (1975): Training von Unterrichtsverhalten. Eine empirische Überprüfung. Kiel: Schmidt & Klaunig

MISCHKE, W. (1989): Helfende Gespräche. Oldenburg: Zentrale Einrichtung Fernstudienzentrum, Universität Oldenburg

MUTZECK, W. (1973): Zur Ausbildung von Beratungslehrern an einer Pädagogischen Hochschule. In: AURIN, K., GAUDE, P. & ZIMMERMANN, K. (Hrsg.): Bildungsberatung. Frankfurt a. M.: Diesterweg

MUTZECK, W. (1981): Strukturierte Orientierungsphase. Kiel: unveröffentl. Manuskript

MUTZECK, W. (1983): Problemorientiertes Lehrertraining. In: MUTZECK, W. & PALLASCH, W. (Hrsg.): Handbuch zum Lehrertraining: Konzepte und Erfahrungen. Weinheim: Beltz, 117-135

MUTZECK, W. (1984a): Integrative Förderung und Prävention bei Verhaltensstörungen. In: MUTZECK, W. & PALLASCH, W.: Integration verhaltensgestörter Schüler. Weinheim: Beltz, 19-35

MUTZECK, W. (1984b): Erziehungsorientiertes Lehrertraining. Eine transferbezogene Trainingskonzeption im Rahmen schulinterner Lehrerfortbildung. In: MUTZECK, W. & PALLASCH, W. (Hrsg.): Integration verhaltensgestörter Schüler. Praktische Modelle und Versuche. Weinheim: Beltz, 189-198

MUTZECK, W. (1987a): Transfer von Handlungsabsichten aus der Fortbildungssituation in den Berufsalltag. Forschungsergebnisse und handlungspragmatische Konsequenzen zu einem Aus- und Fortbildungskurs. In: HAEBERLIN, U. & AMREIN, C. (Hrsg.): Forschung und Lehre für die sonderpädagogische Praxis. Bern, Stuttgart: Haupt

MUTZECK, W. (1987b): Schwierige Situationen im Berufsalltag und Wege ihrer Bewältigung. Ein Fortbildungskurs für Lehrer und Erzieher zur Prävention und Intervention bei Verhaltensstörungen. In: MUTZECK, W. & PALLASCH, W. (Hrsg.): Integration von Schülern mit Verhaltensstörungen. Weinheim: Beltz

MUTZECK, W. (1988): Von der Absicht zum Handeln. Weinheim: Deutscher Studien Verlag

MUTZECK, W. (1989a): Die kooperative und integrative Schule. Die Schleswig-Holsteinische Schule. 43. Jg., 13-15

MUTZECK, W. (1989b): Kollegiale Supervision. Forum Pädagogik. 2. Jg., H. 4, 178-182

MUTZECK, W. (1989c): Leiten von Kursen in der Erwachsenenbildung. Forum Fortbildung, Bd. 16, 19-23

MUTZECK, W. (1989d): Veränderte sonderpädagogische Aufgaben- und Handlungsfelder und Konsequenzen für die Lehrerausbildung. Perspektiven zur Weiterentwicklung der Sonderpädagogik in Schleswig-Holstein. Vortrag, gehalten in Arbeitskreisen der GEW und auf dem Kongreß „Verhaltensstörungen verhindern" in Oldenburg

MUTZECK, W. unter der Mitarbeit von FRANK-KÜHNEL, B., JACOBI, C., PLUHAR, C., STEFFEN, I., ULRICH, B., WINKELMANN, C. & ZIMMERMANN-VOLLSTEDT, A. (1989e): Sonderpädagogik in der ersten Phase der Lehrerausbildung. Kiel, unveröffentl. Vorlage

MUTZECK, W. (1990): Schwierige Situationen im Schulalltag und Wege ihrer Bewältigung. Ein Fortbildungskurs zur Vertiefung und Erarbeitung von Handlungskompetenzen für Erziehung und Unterricht. In: KÖLTZE, H. u. a.: Lehrertraining. Theorie und Praxis verschiedener Modelle. Bad Heilbrunn: Klinkhardt, 233-272

MUTZECK, W. (1991a): Regionale Integrationsberatung (RIB). Kiel, unveröffentl. Vorlage

MUTZECK, W. (1991b): Zur Wirksamkeit von Fortbildungsinhalten im Schulalltag. Pädagogik, 43. Jg., H. 5, 24-26

MUTZECK, W. (1991c): Transferorientierte Evaluation. In: GREBER, U. u. a. (Hrsg.): Auf dem Weg zur „Guten Schule": Schulinterne Lehrerfortbildung. Weinheim: Beltz, 481-516

MUTZECK, W. (1991d): Kinder und Jugendliche mit Verhaltensstörungen – Grundlegende Sichtweisen. Reader I, II, III (Kurseinheiten 4059/ 4060/ 4061). Hagen: Fernuniversität – Gesamthochschule Hagen

MUTZECK, W. (1991e): Prävention von Verhaltensstörungen für die Aus- und Fortbildung von Regel- und SonderschullehrerInnen. In: NEU-KÄTER, A. (Hrsg.): Verhaltensstörungen verhindern. Prävention als pädagogische Aufgabe. Oldenburg: ZPB

MUTZECK, W. (1992a): Grundlagen und Methoden der Beratung in sonderpädagogischen Handlungsfeldern. Hagen: Fernuniversität

MUTZECK, W. (1992b): Kooperative Beratung – Konzeption einer Zusatz-qualifikation. In: PALLASCH, W., MUTZECK, W. & REIMERS, H. (Hrsg.): Beratung – Training – Supervision. Weinheim: Juventa

MUTZECK, W. (1993): Kooperative Beratung. Eine Zusatzqualifikation für Lehrkräfte an integrativ arbeitenden sonderpädagogischen Förderzentren und Beratungsinstituten. In: MOHR, H. (Hrsg.): Integration verändert Schule. Konzepte der Arbeit sonderpädagogischer Förderzentren. Hamburg: Feldhaus

MUTZECK, W. & LÜCK, E. (1993): Stadtteilarbeit und Schule. Ein gemeinwesenorientiertes und kooperatives Projekt (Netzwerk). Pro Jugend, H. 1 und Zeitschrift für Erziehung und Wissenschaft in Schleswig-Holstein

MUTZECK, W. & PALLASCH, W. (1983): Lehrertraining. Strukturen und Aspekte. In: MUTZECK, W. & PALLASCH, W. (Hrsg.): Handbuch zum Lehrertraining. Weinheim: Beltz, 11-22

MUTZECK, W. & PALLASCH, W. (Hrsg.) (1992): Integration von Schülern mit Verhaltensstörungen. Weinheim: Deutscher Studien Verlag, 4. Aufl.

NEBER, H. (Hrsg.) (1987): Angewandte Problemlösepsychologie. Münster: Aschendorff

NESTMANN, F. (1988): Beratung. In: ASANGER, R. & WENNINGER, G. (Hrsg.): Handwörterbuch der Psychologie. München & Weinheim: Psychologie Verlags Union, 78-84

NEWELL, A. & SIMON, H. A. (1972): Human problem solving. Engelwood Cliffs: Prentice-Hall

NISBETT, R. E. & WILSON, T. D. (1977): Telling More Than We Can Know: Verbal Reports on Mental Processes. Psychological Review 84. New York

OSBORN, A. F. (1957): Applied imagination. New York: Scribner

OSSWALD, E. (1990): Gemeinsam statt einsam. Arbeitsplatzbezogene LehrerInnenfortbildung. Kriens (Schweiz): Brunner

OSWALD, G. & MÜLLENSIEFEN, D. (1990): Psycho-soziale Familienberatung. Freiburg i. Br.: Lambertus

PALLASCH, W. (1990): Pädagogische Gesprächsführung. Weinheim München: Juventa

PALLASCH, W. (1991): Supervision. Weinheim, München: Juventa

PALLASCH, W. (1992): Unterrichtliche Supervision. In: PALLASCH, W., MUTZECK, W. & REIMERS, H. (Hrsg.): Beratung – Training – Supervision. Weinheim: Juventa, 200-212

PALLASCH, W., MUTZECK, W. & REIMERS, H. (Hrsg.) (1992): Beratung – Training – Supervision. Weinheim: Juventa

PATTERSON, C. H. (1967): The Counselor in the School. New York: McGraw-Hill Book Company

PETERMANN, F. (1985): Psychologie des Vertrauens. Salzburg: Müller

PIEPER, A. (1986): Verbesserung der Zusammenarbeit im Lehrerkollegium als Aufgabe einer systembezogenen schulpsychologischen Beratung. Frankfurt: Lang

PRESTING, G. (Hrsg.) (1991): Erziehungs- und Familienberatung. Weinheim: Juventa

PRIEBE, B. (1986): Fortbildung für das ganze Kollegium. Durch gemeinsames Lernen die eigene Schule weiterentwickeln. Westermanns Pädagogische Beiträge. 38. Jg., H. 7 u. 8, 42-45

PRIEBE, B. (1989): Wie Lehrer/innen gemeinsam lernen und ihre Schulen entwickeln können. Forum Pädagogik, 2. Jg., H. 4, 160-167

PRIEBE, B. u. a. (1990): Fortbildungsdidaktische Analyse. Planung, Durchführung und Auswertung von Lehrerfortbildung. Soest: Soester Verlagskontor

PÜHL, H. (Hrsg.) (1992): Handbuch der Supervision. Berlin: Edition Marhold

RAHM, D. (1988): Gestaltberatung. Grundlagen und Praxis integrativer Beratungsarbeit. Paderborn: Junfermann

RAPPE-GIESECKE, K. (1990): Theorie und Praxis der Gruppen- und Teamsupervision. Berlin: Springer

RECHTIEN, W. (1988): Beratung im Alltag. Paderborn: Junfermann

REDLICH, A. (1989): Über die Tätigkeit Hamburger Beratungslehrerinnen und Beratungslehrer. Psychologie, Erziehung, Unterricht. 36. Jg., 46-55

RHEINISCHE SCHULE FÜR ERZIEHUNGSHILFE KREFELD (1990): Möglichkeiten sonderpädagogischer Förderung erziehungsschwieriger Schülerinnen und Schüler in der Grund- und Hauptschule der Stadt Krefeld. Unveröffentlichtes Manuskript

RICHTER, H. E. (1989): Aspekte menschlichen Befindens und Verhaltens. Bern & Stuttgart: Huber

ROEBER, E. C., WALZ, G. & SMITH, G. E. (1969): A Strategy for Guidance. London: McMillan Company

ROEBER, E. C., SMITH, G. E. & ERICKSON, C. E. (1974): Schulische Beratungsdienste. Aufbau und Verwaltung. Freiburg: Lambertus

RÖHRLE, B. & STARK, W. (Hrsg.) (1985): Soziale Netzwerke und Stützsysteme. Tübingen: Deutsche Gesellschaft für Verhaltenstherapie

ROGERS, C. R. (1942): Counseling and psychotherapy. Boston: Houghton Mifflin

ROGERS, C. R. (1957): The necessary and sufficient conditions of therapeutic personality change. J. Consult. Psychol. 21, 95-103

ROGERS, C. R. (1962): The interpersonal relationship: The core of guidance. Harvard Educational Review, 32, 416-429

ROGERS, C. R. (1973a): Entwicklung der Persönlichkeit. Stuttgart: Klett-Cotta

ROGERS, C. R. (1973b): Die klientbezogene Gesprächstherapie. München: Kindler

ROGERS, C. R. (1976): Die nicht-direktive Beratung. München: Kindler

ROGERS, C. R. (1983): Klientenzentrierte Psychotherapie. In: CORSINI, R. J. (Hrsg.): Handbuch der Psychotherapie. Weinheim, Basel: Beltz, 471-512

ROGERS, C. R. (1987) (amerikanische Erstausgabe 1959): Eine Theorie der Psychotherapie, der Persönlichkeit und der zwischenmenschlichen Beziehungen. Köln: Gesellschaft für wiss. Gesprächspsychotherapie

ROTHERING-STEINBERG, S. (1988): Kollegiale Praxisberatung. Supervision, H. 13, 75-85

ROTTER, J. (1981): Vertrauen. Psychologie heute, H. 3, 23-29

ROTTHAUS; W. (1987): Erziehung und Therapie in systemischer Sicht. Dortmund: Verlag modernes Leben

SACHSE, R. (1991): Spezifische Wirkfaktoren in der Klientenzentrierten Psychotherapie: Zur Bedeutung von Bearbeitungsangeboten und Inhaltsbezügen. Verhaltenstherapie & psychosoziale Praxis, H. 2, 157-171

SCHEELE, B. (1984): Dialog-konsensuale Erhebung des Sinnaspekts von Handlung zur Indikation von generellen Therapiemodellen. In: QUEKEL-BERGHE, R. van (Hrsg.): Studien zur Handlungstheorie und Psychotherapie. 2. Landauer Studien zur klinischen Psychologie. Landau. Erziehungswissenschaftliche Hochschule Rheinland-Pfalz, 120-151

SCHEELE, B. & GROEBEN, N. (1984): Die Heidelberger Struktur-Lege-Technik (SLT): Eine Dialog-Konsens-Methode zur Erhebung Subjektiver Theorien mittlerer Reichweite. Weinheim: Beltz

SCHEELE, B. & GROEBEN, N. (1986): Eine Dialog-Konsens-Variante der Ziel-Mittel-Argumentation. Heidelberg: Institut für Psychologie der Universität Heidelberg

SCHEELE, B. & GROEBEN, N. (1988): Dialog-Konsens-Methoden zur Rekonstruktion Subjektiver Theorien. Tübingen: Francke

SCHEELE, B., GROEBEN, N. & STÖSSEL, A. (1991): Phänomenologische Aspekte von Dialog-Konsens-Methoden und ihr Beitrag zur Verbindung von Idiographik/Normothetik. In: HERZOG, M. & GRAUMANN, G. F. (Hrsg.): Sinn und Erfahrung. Heidelberg: Asanger, 103-132

SCHERER, K. R. (1981): Wider die Vernachlässigung der Emotion in der Psychologie. In: MICHAELIS, W. (Hrsg.): Bericht über den 32. Kongreß der Deutschen Gesellschaft für Psychologie in Zürich 1980. Göttingen: Hogrefe, 304-317

SCHLEE, J. (1977): Fragen an die Beiträge, die in der Arbeitsgruppe „Lehrer-Schüler-Interaktion" vorgelegt wurden. Sonderdruck aus: Bericht über den 30. Kongreß der Deutschen Gesellschaft für Psychologie. Göttingen: Hogrefe, 323-324

SCHLEE, J. (1987): Überlegungen zur Modifikation handlungswirksamer Subjektiver Theorien bei Sonderschullehrern. In: SCHLEE, J. & WAHL, D. (Hrsg.): Veränderung Subjektiver Theorien von Lehrern. Universität Oldenburg, 174-205

SCHLEE, J. (1992a): Beratung und Supervision in kollegialen Unterstützungsgruppen. In: PALLASCH, W., MUTZECK, W., & REIMERS,

H. (Hrsg.): Beratung – Training – Supervision. Weinheim: Juventa, 188-199

SCHLEE, J. (1992b): Kollegiale Beratung und Supervision in Unterstützungsgruppen. Arbeitspapier (2. Fassung). Universität Oldenburg, Institut für Sonderpädagogik, Prävention und Rehabilitation

SCHLEE, J. & MUTZECK, W. (Hrsg.) (1996): Beratung und Supervision im Schulalltag und Bildungswesen. Heidelberg: Heidelberger Verlagsanstalt, Edition Schindele

SCHLEY, W. (1989): Gemeinsam statt einsam. Kooperation von Lehrerinnen und Lehrern. IfL aktuell, Nr. 6

SCHLEY, W. (1992): Organisationspsychologische Beratung an Schulen. In: PALLASCH, W., MUTZECK, W. & REIMERS, H. (Hrsg.): Beratung – Training – Supervision. Weinheim: Juventa, 161-172

SCHÖNIG, W. (1990): Probleme schulischer Beratungspraxis. Forum Pädagogik, 3. Jg., H. 1, 3-8

SCHOPPIG, L. (1987): Systemtherapeutische Supervision im Kinder- und Jugendheim. Konstanz: Hartung-Gorre

SEEL, H.-J. (1981): Überlegungen zur Handlungslogik in der Beratungsforschung. In: KAISER, H. & SEEL, H.-J. (Hrsg.): Sozialwissenschaft als Dialog. Weinheim: Beltz, 97-123

SEMBILL, D. (1992): Problemlösefähigkeit, Handlungskompetenz und emotionale Befindlichkeit. Göttingen: Verlag für Psychologie

SPECHT, F. & SPITTLER, H. D. (Hrsg.) (1982): Wie Berater helfen. Göttingen: Vandenhoeck & Ruprecht

SPECK, O. (1981a): Pädagogische Handlungsmodelle für Kinder und Jugendliche mit Verhaltensstörungen. Hagen: Fernuniversität

SPECK, O. (1981b): Wissenschaftliche Begründungszusammenhänge für pädagogisches Handeln bei Verhaltensstörungen. Hagen: Fernuniversität

SPECK, O. (1988): System Heilpädagogik. Eine ökologisch-reflexive Grundlegung. München: Reinhardt

SPECK, O. (1989): Pädagogische Beratung unter dem Aspekt ökologischer Kommunikation. Zeitschrift für Heilpädagogik, 40. Jg., H. 6, 361-370

SPECK, O. (1991a): Das Selbstverständnis des heilpädagogischen Schulsystems im Wandel. In: Zeitschrift für Heilpädagogik, 42. Jg., H. 9, 599-607

SPECK, O. (1991b): Chaos und Autonomie in der Erziehung. München: Reinhardt

SPIESS, W. (Hrsg.) (1991): Gruppen- und Teamsupervision in der Heilpädagogik. Bern und Stuttgart: Haupt

SPRAU-KUHLEN, V. (1981): Der lernpsychologische Ansatz zur Erklärung von Fehlverhalten. Hagen: Fernuniversität

STANGL, W. (1989): Das neue Paradigma der Psychologie. Braunschweig: Friedrich Vieweg & Sohn

STEWART, I. (1991): Transaktionsanalyse in der Beratung. Paderborn: Junfermann

STRASSMEIER, W. (1992): Untersuchungen zum Phänomen des „Ausbrennens" bei Mitarbeitern an Schulen für Geistigbehinderte. In: Zeitschrift für Heilpädagogik, 43. Jg., H. 10, 649-655

TAUSCH, R. (1983): Die Förderung des persönlichen Lernens des Lehrers – notwendig für persönliches und fachliches Lernen der Schüler. In: MUTZECK, W. & PALLASCH, W. (Hrsg.): Handbuch zum Lehrertraining. Weinheim: Beltz, 276-292

TAUSCH, A. & TAUSCH, R. (1990): Gesprächspsychotherapie. Göttingen: Verlag für Psychologie Hogrefe, 9. ergänzte Aufl.

THOMMEN, B. u. a. (1988): Handlungsorganisation durch soziale Repräsentation. Bern: Huber

TYMISTER, H. G. (1990): Individualpsychologische Beratung. München & Basel: Reinhardt

ULICH, D. (1982): Das Gefühl. Eine Einführung in die Emotionspsychologie. München: Urban & Schwarzenberg

VDS (Verband Deutscher Sonderschulen, 1991): Leitlinien zur pädagogischen Förderung Behinderter. Zeitschrift für Heilpädagogik, 42. Jg., H. 9, 608-613

VDS (Hrsg.) (1990): Informationen über das Sonderschulwesen und die Sonderpädagogischen Dienste. Beiheft 18 der Zeitschrift für Heilpädagogik, Nürnberg

VDS (1992): Lehrerbildung für das Lehramt des Sonderpädagogen Zeitschrift für Heilpädagogik, 43. Jg., H. 11, 769-777

VERNOOIJ, M. (1989): Anthropologische Grundlagen. In: BACH, H. u. a. (Hrsg.): Handbuch der Sonderpädagogik. Berlin: Edition Marhold, 50-70

WAHL, D. (1991): Handeln unter Druck. Weinheim: Deutscher Studien Verlag

WAHL, D. & MUTZECK, W. (1990): Wie Lehrende und Lernende miteinander umgehen. Probleme der sozialen Interaktion. Tübingen: Deutsches Institut für Fernstudien an der Universität Tübingen

WAHL, D., SCHLEE, J., KRAUTH, J. & MURECK, J. (1983): Naive Verhaltenstheorie von Lehrern. Universität Oldenburg: Zentrum für pädagogische Berufspraxis

WAHL, D. u. a. (Hrsg.) (1991): Erwachsenenbildung konkret. Weinheim: Deutscher Studien Verlag

WATZLAWICK, P. (1988): Münchhausens Zopf oder: Psychotherapie und „Wirklichkeit". Bern: Huber

WEINBERG, J. (1989): Einführung in das Studium der Erwachsenenbildung. Bad Heilbrunn: Klinkhardt

WEINBERGER, S. (1988): Klientenzentrierte Gesprächsführung. Weinheim: Beltz

WEINERT, F. E. (1977): Pädagogisch-psychologische Beratung als Vermittlung zwischen subjektiven und wissenschaftlichen Verhaltenstheorien. In: ARNOLD, W. (Hrsg.): Texte zur Schulpsychologie und Bildungsberatung, Bd. 2, Braunschweig: Westermann, 7-34

WERBIK, H. (1981): Über den empirischen Gehalt von Handlungstheorien. In: MICHAELIS, W. (Hrsg.) (1980): Bericht über den 32. Kongreß der Deutschen Gesellschaft für Psychologie in Zürich. Göttingen: Hogrefe, 294-301

WERBIK, H. (1984): Über die nomologische Auslegung der Handlungstheorien. In: LENK, H. (Hrsg.) (1984): Handlungstheorien interdisziplinär, Bd. 3, II, München: Fink, 633-651

ZYGOWSKI, H. (Hrsg.) (1984): Erziehungsberatung in der Krise. Tübingen: Deutsche Gesellschaft für Verhaltenstherapie

ZYGOWSKI, H. (1989): Grundlagen psychosozialer Beratung. Opladen: Westdeutscher Verlag

7. Personenverzeichnis

8. Anhang

Anlage 1:

Problemschritte der Kooperativen Beratung

1. Einführung in eine Kooperative Beratung
   (Information über die Vorgehensweise, Möglichkeiten und Grenzen der Kooperativen Beratung)

2. Beschreibung des Problems und Rekonstruktion der Innensicht
   (Was war geschehen? Was dachten und empfanden Sie dabei? Wie erleben Sie das Problem jetzt?)

3. Perspektivenwechsel
   (Wie mag/mögen Ihr/e Interaktionspartner die Situation gesehen haben?)

4. Analyse des Problems und Benennen der Unzufriedenheit
   (Erkennen Sie Zusammenhänge und Handlungsmuster? Was macht Sie unzufrieden? Was wollen Sie verändern?)

5. Ableiten und Entwickeln einer Zielsetzung (Handlungsabsicht) und sich bewußt dazu entscheiden
   (Wie soll der Zustand aussehen, den Sie erreichen wollen?)

6. Sammeln und Erarbeiten von zielannähernden Handlungswegen, Lösungen und Alternativen
   (Welche Wege können zum Ziel führen?)

7. Autonome Entscheidung für einen der möglichen Handlungswege
   (Für welchen der aufgezeigten Wege entscheiden Sie sich?)

8. Planung und Vorbereitung der Umsetzung des Weges in den Berufsalltag
   (Wie sehen die Schritte aus, die zu Ihrem Ziel führen? Was und wer könnte Ihnen helfen, diese Schritte in Ihrem Berufsalltag zu verwirklichen?)

9. Versuch der Durchführung der Handlungsabsicht mit praxisgeleiteter Reflexion und Unterstützung

10. Nachbereitung: Beschreibung, Analyse und Bewertung des Versuchs, den Handlungsweg umzusetzen
    (Wie ist die Umsetzung bzw. Nichtumsetzung ihres Vorhabens verlaufen? Was wirkte förderlich, hilfreich bzw. störend oder gar verhindernd?)

Anlage 2:

Leitfragen zur Exploration einer schwierigen Situation:

Ziel: Diese Leitfragen sollen dem Gesprächsleiter dazu dienen, den Gesprächspartner dabei zu unterstützen, die Anteile seiner schwierigen Situation getrennt voneinander und ausführlicher zu erinnern und zu beschreiben.

1. *Wenn Sie sich die Situation nochmals vergegenwärtigen, was ist Ihnen noch am lebendigsten in Erinnerung?*

2. *Versuchen Sie bitte die Situation so zu beschreiben, daß ich sie mir vorstellen kann. Nennen Sie den Ort, die Personen des Geschehens, den Anlaß des Zusammenseins und die Abfolge des Geschehens einschließlich Ihres eigenen Tuns. Ich als Gesprächsleiter werde darauf achten, daß Sie das Handeln jeder Person konkret und für mich vorstellbar beschreiben.*

3. *Was hat das Geschehen oder haben einzelne Ausschnitte davon (Verhaltensweisen, sprachliche und nichtsprachliche Äußerungen) in Ihnen ausgelöst? Welche Gedanken und Gefühle kamen Ihnen dabei?*

4. *Wie oft trat dieses Problem auf? Wann zuletzt?*

5. *Wie sahen die Lösungsversuche aus, die Sie und/oder andere bereits unternommen haben?*

6. *Welche Erwartungen hatten Sie in und nach der Situation an sich und an Ihren Interaktionspartner/n? Spüren Sie eine körperliche Reaktion? Wie gingen Sie mit Ihren Gedanken, Gefühls- und Körperreaktionen um?*

7. *Was macht die Situation so bedeutsam für Sie? Wie geht es Ihnen jetzt?*

Ich als Gesprächsleiter achte darauf,

-   *daß Sie sich Zeit nehmen, bei einzelnen Erlebnisinhalten zu bleiben und diese möglichst konkret beschreiben,*

-   *daß Sie bei der Darstellung ihrer Erlebnisinhalte nicht abschweifen, ich werde Sie dann zu den Erlebnisinhalten zurückführen,*

-   *daß Sie nicht nach Ursachen suchen, Rechtfertigungen geben oder schon jetzt nach Lösungen suchen. Zu Lösungswegen kommen wir, wie gesagt, später.*

Anlage 3:

Planung und Vorbereitung von Handlungsschritten

Umsetzungshilfen und Störungsbegegnungen

1. Wie lautet mein Ziel und wie mein Lösungsweg?

2. Welche Handlungsschritte führen zu meinem Ziel?

3. Welche Bedingungen fördern und erleichtern die Umsetzung der Handlungsschritte?

In mir:

Durch andere:

In der Umwelt:

4. Welche Bedingungen erschweren oder hemmen möglicherweise die Umsetzung?

In mir:

Durch andere:

In der Umwelt:

5. Wie kann ich diesen Erschwernissen oder möglichen Störungen vorbeugen (Abwehrmaßnahmen)?

Anlage 4:

Reflexionsbogen A

Meine Gefühle und Gedanken zur Umsetzung meines Lösungswegs:

- Heute ist der (Tag, Datum): ....
- Es ist............... Uhr.
- Ich erinnere mich an folgende Situation:

- Dabei fühlte und dachte ich:

- Jetzt fällt mir dazu ein:

- Hieraus ziehe ich folgende Konsequenz für den nächsten Umsetzungsversuch:

- Wie gut erinnern Sie sich an die geschilderte Situation:

O   sehr schwach
O   schwach
O   im ganzen gut
O   sehr genau

Anlage 5:

Reflexionsbogen B

Leitfaden zum Festhalten der erinnerten Gedanken und Gefühle zur Umsetzung des Lösungswegs

Indem Sie sich anhand des folgenden "Tagesrückblicks" täglich auf den Verlauf Ihres Lösungswegs besinnen, können Sie herausfinden:

– welche Gefühle und welche Gedanken Ihre Handlungschritte begleiten,

– welche dieser inneren Vorgänge Ihr Verhalten beeinflußt und

– wie Sie Ihre Handlungsschritte weiter verfolgen und damit arbeiten.

Mit einem Zeitaufwand von *maximal 112 Minuten* täglich werden Sie auskommen.

Sie sollten täglich zu einem festen Zeitpunkt (z. B. vor der Unterrichtsvorbereitung, vor der Tagesschau) anhand des Bogens Ihren Tagesrückblick erstellen.

Es wird Ihnen leichter fallen, Ihre Aufzeichnungen zu machen, wenn Sie den Bogen "Tagesrückblick" sichtbar auf einen bestimmten Platz legen, an den Sie sich regelmäßig begeben. (Wir haben die Erfahrung gemacht, daß wir uns eher aufraffen konnten, wenn wir uns diese Hilfe gaben).

Der Anfang mag schwer sein, da diese Methode ungewöhnlich ist, obwohl die Form des Tagebuchschreibens bei Lehrern nicht selten vorkommt. Aber nach einiger Übung werden Sie feststellen, wie interessant und lohnend es ist, einmal eine Methode zu erproben, mit der man weniger auf sein äußeres Verhalten achtet, sondern sich vielmehr seiner Gedanken und Gefühle bewußt wird. Gerade unsere Gefühle und Gedanken sind ein entscheidender Teil unserer täglichen Arbeit. Durch die dabei gewonnenen Einsichten eröffnen Sie sich die Möglichkeit, Ihr Handeln bewußter zu gestalten. Bitte bemühen Sie sich deshalb für die folgende Zeit, bis zur Nachbesprechung, täglich diese Methode anzuwenden.

Viel Erfolg für Ihr Vorhaben!

Anlage 6:

Reflexionsbogen C

Strukturierte Reflexion von Praxiserfahrungen

Heute ist der:............ Es ist.........Uhr.

1. Wenn ich mich an mein Vorhaben erinnere, meine Handlungsschritte umzusetzen, was dachte und empfand ich dabei ?

2. Mit wem und unter welchen Bedingungen konnte ich einen oder mehrere Handlungsschritte umsetzen?
   Ggf.: Was hat mich davon abgehalten, einen Handlungsschritt (auch nur ansatzweise) zu realisieren?

3. Was war mir bei der Umsetzung meines Lösungswegs hinderlich?

4. Wie habe ich und wie hat mein Interaktionspartner die Umsetzung erlebt?

5. Was will ich an meinem Vorgehen verändern?

Psychologische Diagnostik

Klaus Boerner

Das psychologische Gutachten

PSYCHOLOGIE

Ein praktischer Leitfaden

BELTZ
Taschenbuch

Gutachtenerstellung und Testinterpretation sind zentrale Bereiche der psychologischen Praxis und nehmen im Psychologiestudium, aber auch im Pädagogikstudium einen breiten Raum ein.

In diesem Leitfaden, der sich an der Praxis der psychologischen Diagnostik hauptsächlich in der Schul- und Erziehungsberatung orientiert, werden die wichtigsten und verbreitetsten Tests vorgestellt und Vorschläge zur Interpretation gemacht. Der grundsätzliche Aufbau eines psychologischen Gutachtens wird dargestellt, die einzelnen Bestandteile werden erläutert, der Autor gibt Anregungen für die Gestaltung und bietet Formulierungshilfen an.

Studenten bietet dieser Grundlagentext wichtige Hilfestellungen beim Erlernen der Technik der Testinterpretation und Gutachtenerstellung, praktisch tätige Psychologen können ihre diagnostische Tätigkeit mit diesem Modell überprüfen.

Klaus Boerner
Das psychologische Gutachten
Ein praktischer Leitfaden
Beltz Taschenbuch 39, 240 Seiten
ISBN 3 407 22039 1

Aktualisierte Neuausgabe

BELTZ
Taschenbuch

Leon Mann

Sozial-
psychologie

PSYCHOLOGIE

BELTZ
Taschenbuch

Der Mensch
als soziales
Wesen

**Konformität und »unsoziales
Verhalten«, Angst und Lampen-
fieber,** Wettbewerb – wie verhält
sich der Mensch in seiner
»Gruppe«? Die Sozialpsychologie will das genauer wissen. Sie
untersucht den Menschen als soziales Wesen, beobachtet, wie
sich Gruppen bilden, wie sie funktionieren und das Individuum
beeinflussen.

Ein Einstieg in die Sozialpsychologie für Studienanfänger,
Pädagogen und interessierte Laien.

»Ein alltagsnahes, aktuelles, verständliches und übersichtliches Buch,
das trotz der Kürze Oberflächlichkeit vermeidet.«

Zentralblatt Neurologie – Psychiatrie

Leon Mann
Sozialpsychologie
Mit einer Einleitung von Helmut E. Lück
Beltz Taschenbuch 42, 240 Seiten
ISBN 3 407 22042 1

BELTZ
Taschenbuch

Martin E. P. Seligman

Erlernte Hilflosigkeit

PSYCHOLOGIE

BELTZ
Taschenbuch

Ein Standard-
werk der
Sozialwissen-
schaften

**1974 veröffentlichte Martin
Seligman sein bahnbrechendes
Erkärungsmodell** über den Zu-
sammenhang von Hilflosigkeit,
Angst, Depression und Apathie.
Es wurde zum Ausgangspunkt ungezählter Untersuchungen und
Abhandlungen in der Klinischen Psychologie, der Entwicklungs-
und Sozialpsychologie, der Pädagogik und auch der Soziologie.
Seligmans Theorie der »Erlernten Hilflosigkeit«, die er an vie-
len anschaulichen Beispielen entwickelt, erklärt psychische
Störungen, aber auch gesellschaftliche Zustände wie Armut und
Arbeitslosigkeit.

Im Anhang stellt Franz Petermann neue Konzepte und Anwen-
dungen der Theorie Seligmans vor.

Martin E.P. Seligman
Erlernte Hilflosigkeit
Mit einem Anhang von Franz Petermann
Beltz Taschenbuch 16, 271 Seiten
ISBN 3 407 22016 2

BELTZ
Taschenbuch

Kompetenz steigern

Reinhold Miller

Lehrer lernen

EIN PÄDAGOGISCHES ARBEITSBUCH

BELTZ
Taschenbuch

Eltern tragen ihre Vorstellungen in die Schule, Medien erklären Erziehung zum Thema – Unterricht wird von außen mitbestimmt. Für Lehrerinnen und Lehrer bedeutet das: Ihr Verständnis von Unterricht und Erziehung steht zur Debatte. Sie müssen ihre Kompetenz kontinuierlich weiterentwickeln, besonders im kommunikativen Bereich. Reinhold Millers bewährtes »pädagogisches Arbeitsbuch«, das vom Autor für diese Ausgabe vollständig überarbeitet wurde, bietet dafür eine Fülle von Gedanken und Anregungen, dazu praxisorientierte Übungsaufgaben. So können sich Lehrer anhand der vier Kapitel »Erziehung und Erzieher«, »Lehrer und Schüler«, »Lernen und Lehren«, und »Lehrer und Kollegium« aktiv und konkret mit pädagogischen Fragen des Alltags auseinandersetzen.

Reinhold Miller
Lehrer lernen
Ein pädagogisches Arbeitsbuch
Vollständig überarbeitete Neuausgabe
Beltz Taschenbuch 24, 336 Seiten
ISBN 3 407 22024 3

BELTZ
Taschenbuch

Helmut Breuer
Maria Weuffen

Lernschwierigkeiten
am Schulanfang

SCHULEINGANGSDIAGNOSTIK
ZUR FRÜHERKENNUNG UND
FRÜHFÖRDERUNG

BELTZ
Taschenbuch

Wenn Lernen zum Problem wird

**Lernerfolge bedeuten für einen Schul-
anfänger Lebenserfolge.** Fragt man
künftige Erstkläßler, ob sie sich auf die
Schule freuen oder ob sie lieber noch
ein Jahr zu Hause oder im Kinder-
garten bleiben möchten, so fällt die
Antwort fast immer zu Gunsten der
Schule aus. Dementsprechend beeinflussen dauerhafte Lernschwierigkeiten am Schulanfang nachhaltig die emotionale Befindlichkeit und
die weitere schulische und psychische Entwicklung des Kindes. Was es
für ein Kind bedeutet, Tag für Tag, Woche für Woche den Weg zur
Schule in der Gewißheit zu gehen, mit den Lernleistungen der anderen
Kinder nicht Schritt halten zu können, kann sich ein Erwachsener
kaum vorstellen. Dazu beizutragen, daß möglichst kein Kind am
Anfang seiner Schullaufbahn in eine derart belastende Dauersituation
gerät, ist das Anliegen der Autoren dieses Buches.

Helmut Breuer / Maria Weuffen
Lernschwierigkeiten am Schulanfang
Schuleingangsdiagnostik zur Früherkennung
und Frühförderung
Beltz Taschenbuch 13, 197 Seiten
ISBN 3 407 22013 8

BELTZ
Taschenbuch

C. Wolfgang Müller

Wie Helfen
zum Beruf wurde

EINE METHODENGESCHICHTE
DER SOZIALARBEIT
BAND 1: 1883-1945

BELTZ
Taschenbuch

Geschichte der Sozialarbeit

Bis Bismarck sein sozialpolitisches Reformwerk begann und soziale Bewegungen nach Gerechtigkeit riefen, beruhte die »Armenfürsorge« auf der Mildtätigkeit der besseren Stände. Gemeinwesenarbeit, Einzelfallhilfe und Gruppenarbeit, heute klassische Methoden der Sozialarbeit, mußten sich erst durchsetzen. Wolfgang Müller berichtet in seinem anschaulichen Sozialreport, wie Menschen und Einrichtungen neue Wege betraten und wie sich die Absichten des Helfens veränderten. Und er beschreibt die konsequente Demontage und ideologische Unterwerfung der Sozialarbeit durch die Nationalsozialisten.

»Dieses Buch, dessen gekonntem Stil man die Mühen der Recherchen nicht anmerkt und das mit durchweg instruktiven Bildern ausgestattet ist, ist auch für Nicht-Profis eine gute Einführung in die Sozialgeschichte der modernen Sozialarbeit.«
Neue Sammlung – Zeitschrift für Erziehung und Gesellschaft

C. Wolfgang Müller
Wie Helfen zum Beruf wurde
Eine Methodengeschichte der Sozialarbeit
Band 1: 1883–1945
Beltz Taschenbuch 20, 240 Seiten
ISBN 3 407 22020 0

BELTZ
Taschenbuch